Handbuch Vermögenswirksame Leistungen

Mit zusätzlichem Kapital vom Arbeitgeber und staatlicher Förderung clever und sinnvoll in ETFs, Aktien, Immobilien, Altersvorsorge und Co. investieren

Erstauflage 2021

Torsten Assmus

Dipl.-Kfm., Dipl.-Volksw.

Falls Ihnen dieses Buch geholfen hat, können Sie dem Autor und künftigen Lesern gerne auch mit einer positiven Bewertung weiterhelfen :-)

Fechinger Str. 4, 66132 Saarbrücken

ISBN: 9798728982418
Independently published

Inhaltsverzeichnis

Tabellenverzeichnis

Vorwort

Mit geschenktem und/oder eigenem Geld regelmäßig und planbar ein kleines, aber feines Vermögen aufbauen und sich dabei noch vom Staat fördern lassen. Das hört sich gut an und ist in den Augen vieler Sparer eine attraktive Sache.

Wir Deutschen gelten als Weltmeister der Sparer. So weit, so gut. Leider sind wir aber gleichzeitig auch Weltmeister des schlechten Sparens. Beim Sparen gehen wir nämlich all zu oft weder effektiv noch effizient vor. Ineffektiv, da wir oft nicht die für uns passende Anlagemöglichkeit wählen. Ineffizient, da häufig nicht verglichen wird und daher falsche oder teurere Verträge geschlossen werden. Oft wird auch einfach nicht die optimale Summe angelegt, oder die zustehenden Förderungen werden nicht in Anspruch genommen. Zudem belegen Zahlen aus dem Jahr 2011, dass lediglich knapp 15% der deutschen Haushalte überhaupt vermögenswirksame Leistungen in Anspruch nehmen.

Zudem ist eines der meistverkauften Anlageprodukte immer noch der klassische Bausparvertrag, obwohl dieser nicht für alle Anleger die richtige Anlageform ist. Das erklärt sich teils so, dass die Deutschen das Risiko scheuen und daher lieber auf vermeintlich sichere Geldanlagen vertrauen, liegt aber auch in hohem Maße an der massiven Werbung für diese Anlageform im Fernsehen und in den Geschäftsräumen der Banken. Das die mit Bausparverträgen assoziierte Sicherheit aber auf Kosten der Wertentwicklung geht, nehmen viele Anleger einfach in Kauf.

Zudem kommt oft auch noch Unwissen über die vielfältigen Anlagemöglichkeiten, sowie ein gewisses Maß an Bequemlichkeit hinzu. Dabei kann man sich auch mit überschaubarem Aufwand einen ersten Überblick verschaffen und eine Vorauswahl treffen. Bereits dieser relativ geringe Aufwand lohnt sich, denn damit können Sie viel Geld sparen, bzw. verdienen.

Es fängt dabei bereits mit dem Wissen an, wie viel Geld der Chef seinen Mitarbeitern zur Verfügung stellt, bzw. wie man diese Leistungen aufstocken kann. Viele Beamte, Arbeiter und Angestellte haben die Möglichkeit vermögenswirksame Leistungen zu erhalten, auch Geringverdiener und Teilzeitkräfte. Dies ist von der Politik auch so gewollt. Ein Ziel des Gesetzgebers war und ist die Förderung des Vermögensaufbaus gerade auch für Haushalte mit kleinem und mittlerem Einkommen. Aus diesem Grund ist die Inanspruchnahme auch relativ einfach zu bewerkstelligen. Man muss nur wissen wie.

Doch einfach bedeutet, wie oben erwähnt, noch lange nicht ohne Arbeit und Mühe! Man muss eine Vorauswahl treffen, dann sich davon ausgehend etwas genauer über die verschiedenen Möglichkeiten informieren und dann die richtige Geldanlage auswählen. Immerhin legt man sich mit seiner Entscheidung meist jahrelang fest. Wenn man dann das falsche Produkt gewählt hat, verliert man staatliche Zulagen, verbrennt unnötig Geld und/oder lässt sein Geld für andere arbeiten. Wer will das schon?

Nun will und kann ich nicht versprechen, dass man mit vermögenswirksamen Leistungen alleine ganz einfach aus dem Nichts heraus Millionär wird. Das wird rein rechnerisch bereits schwierig. Wenn Sie über 50 Jahre hinweg kontinuierlich monatlich 40,-€ anlegen, so haben Sie nach den 50 Jahren gerade einmal 24.000,-€ angelegt. Bei entsprechend rentabler Anlage könnte daraus mit Zinseszinseffekten natürlich eine hübsches kleines Vermögen werden. Von der Schwelle zum Millionär sind Sie im Normalfall mit vermögenswirksamen Leistungen aber noch ziemlich weit entfernt. Sie können sich aber, wie gesagt, durchaus einen kleinen Grundstock zum Vermögensaufbau oder zur Immobilienfinanzierung anlegen, der Ihnen später noch sehr nützlich werden kann.

Weit verbreitet sind Berechnungen, die einfach darauf beruhen, dass aktuelle Entwicklung der letzten Jahre in alle Ewigkeit weiter geschrieben werden. Diese Beispielrechnungen sind mit Vorsicht zu genießen und sollten nur zu Vergleichszwecken genutzt werden, denn die Wirtschaft unterliegt einem ständigen Wandel und undenkbare Szenarien sind nie ausgeschlossen. Wer hätte zum Beispiel Anfang der 2000er Jahre ernsthaft geglaubt, dass die Zinsen heute (2021) nahezu bei Null Prozent liegen und selbst Negativzinsen auf Guthaben möglich wären? Lassen Sie sich nicht von polarisierenden Meinungen beeinflussen. Seien Sie kritisch und lassen Sie sich nicht von allzu positiven oder negativen Berechnungen blenden. Versuchen Sie abzuschätzen, was im besten und im schlechtesten Fall für Sie drin ist.

Seit Jahren beschäftige ich mich schon mit vermögenswirksamen Leistungen, den verschiedenen Anlageformen und den immer wieder auftretenden Problemen damit. Mit diesem Buch möchte ich Ihnen Tipps geben, wie Sie die für Sie beste Anlageform aussuchen und wie Sie unter den Anlageformen die für Sie geeignete Angebote finden können. Zudem möchte ich nützliche

Hintergrundinformationen liefern und auf die produktspezifischen Fallstricke hinweisen.

Dieses Buch behandelt vermögenswirksame Leistungen nach deutschem Recht. Meine in diesem Buch abgebildeten eigenen Berechnungen wurden von mir sorgfältig und gewissenhaft durchgeführt. Trotzdem kann ich nicht ausschließen, das sich irgendwo der Fehlerteufel eingeschlichen hat. Alle Angaben und Berechnungen sind daher ohne Gewähr. Sollten sie Fehler finden, oder Verbesserungsvorschläge haben, so bin ich für ihre Rückmeldung sehr dankbar und werde diese Aspekte für künftige Ausgaben berücksichtigen.

Präferenzen für einzelne Anlageformen möchte ich Ihnen nicht vorgeben, da alle Möglichkeiten irgendwo ihre Berechtigung haben und je nach persönlicher Situation sinnvoll sein können. Vielmehr möchte ich mit diesem Buch soweit möglich alle Aspekte der einzelnen Anlageformen beleuchten und Ihnen damit eine entsprechend breite Entscheidungsgrundlage liefern. Das einige Anlagemöglichkeiten mehr Seiten beanspruchen als andere ist nicht als Empfehlung für diese zu sehen, sondern ist dem Umstand geschuldet, dass diese Produkte komplizierter als andere sind, beziehungsweise aus meiner Sicht einer eingehenden Beschreibung bedurften.

Ich wünsche Ihnen viel Freude bei der Lektüre meines ersten Sachbuches und viel Erfolg beim Vermögensaufbau!

P.S.: Falls Ihnen dieses Buch gefallen und geholfen hat, sagen Sie's gerne weiter. Falls Sie Verbesserungsvorschläge haben, teilen Sie mir diese gerne mit, ich werde diese dann für künftige Auflagen berücksichtigen.

Ihr Torsten Assmus

Was vermögenswirksame Leistungen eigentlich sind

Kurz gesagt handelt es sich bei vermögenswirksamen Leistungen um Geldleistungen, die teils freiwillig, teils vom Lohn durch den Arbeitgeber in einen vom Arbeitnehmer gewählten Vertrag eingezahlt werden und die je nach Anlageart, sowie zu versteuerndem Einkommen des Arbeitnehmers teils auch noch vom Staat gefördert werden.

Im Vermögensbildungsgesetz sind VL folgendermaßen definiert: "Vermögenswirksame Leistungen sind Geldleistungen, die der Arbeitgeber für den Arbeitnehmer anlegt"[1]

Vermögenswirksame Leistungen dienen dem Gesetz nach der Vermögensbildung der Arbeitnehmer und werden staatlich gefördert. Arbeitsrechtlich spricht man von „Entgelt mit einer besonderen Zweckbindung“.

Anlagearten

Die Anlagearten sind nicht gänzlich frei wählbar, sondern im Gesetz beschrieben. Vermögenswirksame Leistungen darf man anlegen

- ✔ "als Sparbeiträge des Arbeitnehmers auf Grund eines Sparvertrags über Wertpapiere oder andere Vermögensbeteiligungen"
- ✔ "als Aufwendungen des Arbeitnehmers auf Grund eines Wertpapier-Kaufvertrags"
- ✔ "als Aufwendungen des Arbeitnehmers auf Grund eines Beteiligungs-Vertrags oder eines Beteiligungs-Kaufvertrags"
- ✔ "als Aufwendungen des Arbeitnehmers nach den Vorschriften des Wohnungsbau-Prämiengesetzes"
- ✔ "als Aufwendungen des Arbeitnehmers

  a) zum Bau, zum Erwerb, zum Ausbau oder zur Erweiterung eines im Inland gelegenen Wohngebäudes oder einer im Inland gelegenen Eigentumswohnung,

---

1 §2 Abs. 1, 5. VermBG

b) zum Erwerb eines Dauerwohnrechts im Sinne des Wohnungseigentumsgesetzes an einer im Inland gelegenen Wohnung,

c) zum Erwerb eines im Inland gelegenen Grundstücks zum Zwecke des Wohnungsbaus oder

d) zur Erfüllung von Verpflichtungen, die im Zusammenhang mit den in den Buchstaben a bis c bezeichneten Vorhaben eingegangen sind, sofern der Anlage nicht ein von einem Dritten vorgefertigtes Konzept zu Grunde liegt, bei dem der Arbeitnehmer vermögenswirksame Leistungen zusammen mit mehr als 15 anderen Arbeitnehmern anlegen kann"

- ✔ "als Sparbeiträge des Arbeitnehmers auf Grund eines Sparvertrags"
- ✔ "als Beiträge des Arbeitnehmers auf Grund eines Kapitalversicherungsvertrags"
- ✔ "als Aufwendungen des Arbeitnehmers, der [...] die Mitgliedschaft in einer Genossenschaft oder Gesellschaft mit beschränkter Haftung gekündigt hat, zur Erfüllung von Verpflichtungen aus der Mitgliedschaft, die nach dem 31. Dezember 1994 fortbestehen oder entstehen"

Es gibt also viele Möglichkeiten, das Geld des Arbeitgebers vermögensbildend anzulegen. Einige Anlagemöglichkeiten wie z.B. Bausparverträge oder Fondssparpläne sind weithin bekannt, es gibt aber auch weniger bekannte Anlageformen, wie Lebensversicherungen, Unternehmensbeteiligungen am Betrieb des Arbeitgebers, oder ähnliches.

Im Jahr 2019 führte eine Umfrage von Finanztest zu dem Ergebnis, dass je 30% der Befragten ihre vermögenswirksamen Leistungen entweder in Fondssparpläne, Bausparverträge, oder Banksparpläne investierten. 8% ließen die vermögenswirksamen Leistungen in die betriebliche Altersvorsorge fließen und 1% tilgten damit einen Baukredit.

Momentan sieht es so aus, als ob der Anteil der Bausparverträge stetig sinkt, während der Trend immer mehr zu Fondssparplänen und der betrieblichen Altersvorsorge geht. Bei letzterem ist dies hauptsächlich auf Beschränkungen in Betriebsvereinbarungen und Tarifverträgen zurückzuführen.

Die Rolle des Arbeitgebers

Wie oben bereits erwähnt, handelt es sich bei vermögenswirksamen Leistungen um Geldzahlungen durch den Arbeitgeber. Das heißt, die Zahlungen müssen durch den Arbeitgeber in die Verträge eingezahlt werden. Dies gilt auch für freiwillige Zuzahlungen. Möchten Sie die Zahlungen aufstocken, so müssen Sie ihren Arbeitgeber anweisen, den Mehrbetrag von ihrem Lohn/Gehalt zu entnehmen und in den Vertrag einzuzahlen. Dadurch vermindert sich ihr ausgezahlter Lohn.

Höhe der vermögenswirksamen Leistungen

Die Höhe der vermögenswirksamen Leistungen, die Sie von ihrem Arbeitgeber zusätzlich zum Lohn/Gehalt bekommen können, hängt maßgeblich von den Vereinbarungen mit ihrem Arbeitgeber ab. Es gibt hierfür mehrere Möglichkeiten:

Tarifvertrag

Gilt in ihrem Betrieb ein Tarifvertrag, so kann darin die Höhe der Zahlung von vermögenswirksamen Leistungen durch ihren Arbeitgeber vereinbart sein.

Individualvertrag

Gleiches gilt für ihren individuellen Arbeitsvertrag. Arbeiten Sie zum Beispiel in einem kleinen oder mittelständigen Betrieb, so hängt die Fixierung einer entsprechenden Klausel meist von ihrem Verhandlungsgeschick ab. Es gibt aber auch Arbeitgeber, die Ihnen zusätzliche vermögenswirksame Leistungen von sich aus anbieten. Eine entsprechende Vereinbarung muss auch nicht zu Beginn ihrer Tätigkeit im Betrieb vereinbart worden sein. Sie können die Zahlung von vermögenswirksamen Leistungen durch ihren Arbeitgeber auch nachträglich noch aushandeln.

Maximaler Zuschuss vom Arbeitgeber

Vermögenswirksame Leistungen vom Arbeitgeber belaufen sich auf Beträge von 6,65€ bis zu 40,-€ pro Monat. Dabei differieren die Zuschüsse der Arbeitgeber teils kräftig je nach Betriebsart, Betriebsgröße, oder Branchen.

Banken zum Beispiel zahlen ihren Angestellten meist die vollen 40,-€, Beamte erhalten meist lediglich 6,65€.

Aufstockung

Falls Sie gar keine vermögenswirksamen Leistungen von ihrem Arbeitgeber bekommen, oder den Betrag selbst aufstocken möchten, so muss der Arbeitgeber das auf ihren Wunsch tun. Dies erfolgt dann durch Entnahme vom bereits versteuerten Einkommen[2].

Einzahlungen durch den Arbeitgeber

Sie bekommen die Beträge aber meist nicht einfach durch den Arbeitgeber ausbezahlt[3]. Die Beträge dürfen in der Regel nur in entsprechende Verträge einfließen. Der Arbeitgeber wird auch nicht von sich aus tätig. Das ist gesetzlich nicht so vorgesehen. Der Gesetzgeber verlangt, dass Sie die Einzahlung vermögenswirksamer Leistungen in einen entsprechenden Vertrag vorher schriftlich beim Arbeitgeber beantragen. Sie müssen dazu wie folgt vorgehen:

1. Klären Sie ab, in welcher Höhe Ihnen ihr Arbeitgeber vermögenswirksame Leistungen zahlt und ob sie einen Anspruch auf staatliche Förderung haben könnten. Schauen Sie auch vorab, auf welchen zusätzlichen Betrag Sie bis zum Vertragsende verzichten könnten.
2. Suchen Sie sich einen guten Vertrag aus, wählen Sie die Höhe des Betrages, den ihr Arbeitgeber in den Vertrag fließen lassen soll und schließen Sie dann mit dem passenden Anbieter ab.
3. Legen Sie ihrem Arbeitgeber die schriftliche Bestätigung des Anbieters, dass es sich um gesetzeskonforme vermögenswirksame Leistungen handelt, vor. Geben Sie an, ab welchem Datum welche Beträge eingezahlt werden sollen. Dies steht oft bereits auf den Formularen, die Sie vom Anbieter zum Einreichen bei ihrem Arbeitgeber erhalten.

Ab dem Datum, dass Sie festgelegt haben, werden dann jeden Monat die festgelegten Beträge vom Arbeitgeber in den Vertrag einbezahlt. Hat der Arbeitgeber sich zur Zahlung vermögenswirksame Leistungen verpflichtet, so kann man bei unterjährigem Abschluss eines VL-Vertrages oft auch noch die vermögenswirksamen der vorherigen Monate des aktuellen Jahres einfordern.

---

2 §11, 5.VermBG

3 Eine Ausnahme ist zum Beispiel die Tilgung eines Baukredits, siehe weiter unten

Neben monatlichen Einzahlungen gibt es aber auch die Möglichkeit der einmaligen Anlage von Beträgen in VL-Verträge. Für unterjährige einmalige Zahlungen kann der Arbeitgeber bestimmte Termine vorgeben, um seinen Verwaltungsaufwand zu minimieren. Für diese Terminvorgabe ist oft aber auch die Zustimmung des Betriebsrates erforderlich. Unabhängig davon kann man eine solche Einzahlung auch gegen Ende eines Kalenderjahres verlangen. Dies macht Sinn, falls man zum Beispiel am Ende des Kalenderjahres Weihnachtsgratifikationen, Gewinnbeteiligungen, oder Ähnliches bekommt und diese direkt als vermögenswirksame Leistungen anlegen möchte.

Als Grenzgänger, der im Ausland beschäftigt ist, kann es sein, dass ihr Arbeitgeber keine vermögenswirksamen Leistungen überweisen möchte, da er nach dem ausländischen Recht meist auch nicht dazu verpflichtet ist. In diesem Fall können Sie das Kreditinstitut, bei dem Sie ihr Lohn- oder Gehaltskonto haben, oder eine Kapitalverwaltungsgesellschaft damit beauftragen, die vermögenswirksamen Leistungen zu überweisen. Das Institut, beziehungsweise die Gesellschaft übernimmt dann die Aufgabe des Arbeitgebers.

Wichtig ist noch zu wissen, dass die vermögenswirksamen Leistungen, die ihr Arbeitgeber zusätzlich in den Vertrag einzahlt, arbeitsrechtlich kein Lohn-, oder Gehaltsbestandteil sind[4]. Lohn-, oder Gehaltsbestandteil ist nur der Teil, den Sie als eigene Aufstockung des Arbeitgeberbetrages einzahlen lassen. Dies betrifft auch den Fall einer Pfändung. Aufgrund der Unübertragbarkeit vermögenswirksamer Leistungen sind die Einzahlungen in die Verträge sicher, sofern die Verträge vor der Pfändung zustande gekommen ist. Allerdings vermindert sich durch vermögenswirksame Leistungen nicht die Berechnung des pfändbaren Einkommens.

Weitere Pflichten des Arbeitgebers

Bei Anlage der vermögenswirksamen Leistungen im Betrieb ihres Arbeitgebers ist dieser verpflichtet, die Finanzverwaltung im Falle der „schädlichen Verwendung[5]“ der erworbenen Beteiligungen zu informieren, was zum Verlust staatlicher Förderung führen kann.

Er ist zudem verpflichtet, die eingezahlten Beträge vermögenswirksamer Leistungen gegen seine eigene Insolvenz abzusichern.

4 §13 Abs. 3, 5.VermBG
5 Siehe Kapitel „Staatliche Förderung - Sperrfristen“

Freie Wahl der Anlagemöglichkeit

Grundsätzlich sind Sie als Arbeitnehmer völlig frei darin, ihre bevorzugte Anlagemöglichkeit auszuwählen[6]. Egal, ob Sie lieber für eine Immobilie oder zur Vermögensbildung sparen möchten.

Allerdings können Sie in ihrer Entscheidungsfreiheit eingeschränkt sein. Im Tarifvertrag oder in der Betriebsvereinbarung ihres Unternehmens kann bereits eine bestimmte Anlageart mit ihrem Arbeitgeber vereinbart worden sein. So ist es zum Beispiel in einigen Betrieben der Metall und Elektrobranche. Hier ist die Wahlmöglichkeit durch Tarifvertrag auf die Einzahlung der vermögenswirksamen Leistungen des Arbeitgebers in altersvorsorgewirksame Leistungen (AVWL), also die betriebliche Altersvorsorge, oder einen Riestervertrag beschränkt. Zudem ist es auch nicht in jedem Unternehmen möglich, die vermögenswirksamen Leistungen direkt im Unternehmen des Arbeitgebers (Genussscheine, Geschäftsanteile, etc.) anzulegen.

Je nach der persönlichen Situation, den mittelfristigen Zielen oder dem Einkommen können sich unterschiedliche Anlagearten lohnen oder nicht. Sie sollten sich aber generell immer erst über die verschiedenen Möglichkeiten[7] informieren und diese gegeneinander abschätzen, bevor Sie sich entscheiden.

Eine Vorauswahl können Sie treffen, indem Sie zuerst einmal entscheiden, ob Sie für die eigenen vier Wände, oder zum Vermögensaufbau sparen möchten, bzw. ob Sie mit den vermögenswirksamen Leistungen eine Lebensversicherung zahlen möchten. Sind Sie sich nicht sicher, was das Sinnvollste für Sie wäre, empfiehlt sich zuerst einmal die Tilgung eines Baudarlehens, oder der Vermögensaufbau. Mit diesen beiden Möglichkeiten schränken Sie sich nicht unnötig ein und bleiben möglichst flexibel. Ändern sich ihre Prioritäten, so können Sie später meist problemlos und ohne große Kosten umschichten.

Merken Sie später, dass Sie lieber einen Bausparvertrag abschließen wollen, oder in eine betrieblich Altersvorsorge investieren möchten, so können Sie diese Verträge immer noch abschließen. Allerdings sind diese Anlageformen sehr unflexibel und können ziemlich unrentabel werden, wenn sich später ihre Pläne ändern. Daher sollten Sie solche Verträge nur abschließen, wenn Sie sich wirklich sicher sind, dass Sie bauen möchten (Bausparen), oder das Geld vor der Rente nicht benötigen (betriebliche Altersvorsorge).

6 §12, 5.VermBG

7 Einen guten Überblick finden Sie im Kapitel „Die Anlageformen im Detail“

Wer ist anspruchsberechtigt?

Direkt anspruchsberechtigt

Direkt anspruchsberechtigt ist eigentlich fast jeder Angestellte, Beamte, oder Selbständige. Leider scheuen viele wohl einfach den Mehraufwand, oder Ihnen ist schlicht nicht bekannt, dass Sie zu den berechtigten Personen gehören.

Laut 5. VermBG können Sie unter bestimmten Voraussetzungen anspruchsberechtigt sein, wenn Sie zu folgenden Gruppen gehören:

- **Arbeitnehmer, also Arbeiter, Angestellte, Lehrlinge und Azubis, aber auch Heimarbeiter, sowie Menschen, die in Behindertenwerkstätten beschäftigt sind**[8]
- **Beamte, Richter, Berufssoldaten, oder Soldaten auf Zeit**
- **Selbständige**
- **Rentner**
- **kurzfristig, sowie geringfügig Beschäftigte und Aushilfen**

Wie Sie alleine schon an dieser Aufzählung sehen können, ist ein Großteil der in Deutschland tätigen Personengruppen anspruchsberechtigt.

Dabei beschränkt sich dieser Anspruch aber auch nicht nur auf Beschäftigte aus oben genannte Gruppen, die im Inland arbeiten und wohnen. Vielmehr steht dieser Anspruch auch Grenzgängern zu. Anspruchsberechtigt sind laut Bundesfinanzministerium[9] nämlich auch diejenigen Mitglieder der oben genannten Gruppen, die in Deutschland wohnen, sowie ihren Lebensmittelpunkt haben und als Grenzgänger im benachbarten Ausland arbeiten, sowie auch diejenigen, die im Ausland wohnen und als Grenzgänger in Deutschland arbeiten. Diese Regelung betrifft auch in Deutschland ansässige Angestellte ausländischer Vertretungen, wie z.B. Botschaftsangestellte.

Sie sehen also, dass vermögenswirksame Leistungen nicht nur für einen begrenzten Personenkreis zur Verfügung stehen, sondern für die meisten Arbeitnehmer und Beamten in Frage kommen. Allerdings nehmen diese Mög-

8 §138 Abs. 1, SGB IX
9 BMF-Schreiben vom 29.11.2017, DOK 2017/0985139

lichkeiten nur recht Wenige in Anspruch und lassen damit zusätzlich verfügbares Vermögen einfach verfallen.

Übertragbarkeit des Anspruchs

Man kann den Anspruch aber auch auf Angehörige übertragen, nämlich an[10]:

- **"nicht dauernd getrennt lebenden Ehegatten oder Lebenspartners des Arbeitnehmers"**
- **"Kinder, die zu Beginn des maßgebenden Kalenderjahrs das 17. Lebensjahr noch nicht vollendet hatten, oder die in diesem Kalenderjahr lebend geboren wurden"**
- **"zugunsten der Eltern oder eines Elternteils des Arbeitnehmers, wenn der Arbeitnehmer als Kind die Voraussetzungen der Nummer 2 erfüllt". Diese Voraussetzung ist, dass das Kind das 17. Lebensjahr noch nicht vollendet hat.**

Es ist also durchaus auch möglich, nahe Angehörige, wie eigene Kinder oder seine Eltern, sowie den Partner zu begünstigen. Auf andere Personen, außer diesen Angehörigen, ist der Anspruch aber generell nicht übertragbar[11].

Fazit

Zusammenfassend kann man also durchaus sagen, dass fast jeder, der in Deutschland lebt oder arbeitet, entweder direkt selbst Anspruch auf vermögenswirksame Leistungen hat, oder indirekt durch Übertragung von einem nahen Angehörigen oder dem Partner in deren Genuss kommen kann.

Dementsprechend ist es eigentlich kaum nachvollziehbar, dass nur so wenige Berechtigte von diesen Vorteilen profitieren. Gerade einmal 15% der Berechtigten haben in den letzten Jahren vermögenswirksamen Leistungen in Anspruch genommen und entsprechende Verträge abgeschlossen. Dabei können gerade Geringverdiener mit vermögenswirksamen Leistungen und staatlichen Zulagen einen Grundstock für ein kleines Vermögenspolster, die eigenen vier Wände, oder zur Altersvorsorge aufbauen.

---

10 §3 Abs. 1, 5. VermBG
11 §13 Abs. 3, 5. VermBG

Staatliche Förderung

Die Bundesrepublik Deutschland verfolgt seit den Nachkriegsjahren das Ziel, den Vermögensaufbau und den Bau, sowie Erwerb von Wohneigentum zu fördern. Aus diesem Grund wurde 1952 das Wohnungsbauprämiengesetz und 1961 das 1. Vermögensbildungsgesetz erlassen. Der Staat möchte damit erreichen, dass das Sparen vor allem für Geringverdiener attraktiver wird. Daher wurde die Gewährung der Wohnungsbauprämie und der Arbeitnehmersparzulage an bestimmte Einkommensgrenzen gekoppelt. Diese Einkommensgrenzen betreffen immer das zu versteuernde Einkommen, daher dürfen Sie nicht einfach von ihrem Bruttoeinkommen ausgehen. Das zu versteuernde Einkommen weicht durch diverse Abzüge und Freibeträge teils sehr stark von ihrem Bruttoeinkommen ab. Fragen Sie im Zweifel ihren Steuerberater.

Wenn Sie Grenzgänger sind, kann es allerdings auch sein, dass Sie unabhängig von ihrem Einkommen Anrecht auf Arbeitnehmersparzulage und Wohnungsbauprämie haben. Die Einkommensgrenzen beziehen sich nämlich auf das in Deutschland zu versteuernde Einkommen. Sind Sie aber im Ausland steuerpflichtig, so haben Sie demnach auch kein in Deutschland zu versteuerndes Einkommen und liegen unabhängig von ihrem Verdienst unterhalb der Einkommensgrenzen.

Arbeitnehmersparzulage

Die Arbeitnehmersparzulage können Sie für Bausparverträge, Fondssparpläne, sowie bestimmte andere Wertpapiere erhalten. Grundlage ist das 5. Vermögensbildungsgesetz. Sie beantragen die Arbeitnehmersparzulage ganz einfach über ihre Steuererklärung für das entsprechende Jahr. Dort müssen Sie im Mantelbogen ein Häkchen bei „Antrag auf Festsetzung der Arbeitnehmersparzulage“ machen. Die einzelnen Verträge müssen Sie mittlerweile nicht mehr selbst angeben. Diese Meldung erfolgt auf elektronischem Weg direkt vom Anbieter an das Finanzamt. Der Antragsweg ist für Grenzgänger mit Steuerpflicht im Ausland der gleiche. Grenzgänger können, wenn sie in Deutschland nicht einkommensteuerpflichtig sind, einfach den Mantelbogen mit ihren persönlichen Daten abgeben und müssen dort lediglich das Häkchen bei „Antrag auf Festsetzung der Arbeitnehmersparzulage“ setzen.

Für die Arbeitnehmersparzulage gelten zwei verschiedene Regelungen, je nachdem, ob Sie in die eigenen vier Wände, oder in bestimmte Wertpapiere investieren. Nach der Sperrfrist wird die Arbeitnehmersparzulage dann an den Anbieter überwiesen und dem entsprechenden Vertragskonto gutgeschrieben. Es ist möglich, sowohl die Arbeitnehmersparzulage für Wohnraum, als auch die für Produktivkapital gleichzeitig zu erhalten.

Elektronische Datenübermittlung

Um die Arbeitnehmersparzulage zu erhalten, ist es zwingend notwendig, in die elektronische Datenübermittlung einzuwilligen. Diese Einwilligung ist nötig, damit der Anbieter ihres VL-Vertrages die nötigen Daten für die Gewährung der Arbeitnehmersparzulage an ihr zuständiges Finanzamt weiterleiten kann. Dies muss dann bis zum 28.02. des auf das Anlagejahr folgenden Jahres erfolgen. Ein Widerruf der Einwilligung zur elektronischen Datenübermittlung ist jederzeit mit Wirkung zum Beginn des nächsten Anlagejahres möglich.

Eine Besonderheit betrifft aber die Tilgung einen Baudarlehens. Hier müssen Sie sich beim Darlehensgeber eine VL-Bescheinigung besorgen und beim Finanzamt einreichen, um die Arbeitnehmersparzulage zu erhalten.

Arbeitnehmersparzulage für Wohnraum

Die Arbeitnehmersparzulage wird beim Bausparen, der Tilgung eines entsprechenden Baukredits für Wohnraum, oder Ähnlichem in Höhe von 9% der eingezahlten vermögenswirksamen Leistungen eines Kalenderjahres gewährt. Dabei gilt eine Obergrenze von 470,-€ (bzw. 940,-€ bei zwei miteinander verheirateten Berechtigten) für die Berechnung. Der Anspruch wird hierbei auf volle Euro aufgerundet. Das heißt, man kann jährlich maximal 43,-€ (bzw. 86,-€) Arbeitnehmersparzulage erhalten. Zusätzlich gelten Einkommensgrenzen für das zu versteuernde Einkommen. Diese liegen aktuell bei 17.900,-€ für Ledige und 35.800,-€ für verheiratete Paare. Achtung: die Auszahlung ist an den Zweck der „wohnwirtschaftliche Verwendung“gebunden! Die zweckgebundene Verwendung muss innerhalb von 12 Monaten nach Auszahlung durch Belege wie Verträge, Quittungen, etc. nachgewiesen werden.

Arbeitnehmersparzulage für Produktivkapital

Die Arbeitnehmersparzulage wird bei Wertpapieren und anderen Beteiligungen an Produktivkapital in Höhe von 20% der eingezahlten vermögenswirksamen Leistungen eines Kalenderjahres gewährt. Dabei gilt eine Obergrenze von 400,-€ (bzw. 800,-€ bei 2 verheirateten Arbeitnehmern) für die Berechnung. Genau wie beim Bausparen wird auch hier der Anspruch auf volle Euro aufgerundet. Das heißt, man kann hier jährlich maximal 80,-€ (bzw. 160,-€) Arbeitnehmersparzulage erhalten. Zusätzlich gelten Einkommensgrenzen für das zu versteuernde Einkommen. Diese liegen bei 20.000,-€ für Ledige und 40.000,-€ für verheiratete Berechtigte. Im Gegensatz zur Arbeitnehmersparzulage für Wohnungsbau unterliegt die Auszahlung der Arbeitnehmersparzulage für Produktivkapital aber keiner Zweckbindung. Nach Ablauf der Sperrfrist können Sie die Beträge frei verwenden.

Wohnungsbauprämie

Die Wohnungsbauprämie beträgt ab 2021 10% der eingezahlten vermögenswirksamen Leistungen, die nicht schon für die Arbeitnehmersparzulage herangezogen wurden und in geförderte Verträge einfließen (zum Beispiel Bausparverträge oder der Erwerb von Anteilen an Wohnungsbaugenossenschaften). Hier gilt eine Unter-, sowie eine Obergrenze. Mindestens müssen Sie 50,-€ vermögenswirksame Leistungen in den Vertrag einzahlen um die Wohnungsbauprämie zu erhalten[12]. Berücksichtigt werden zudem Guthabenzinsen in der Ansparphase, sowie vermögenswirksame Leistungen, für die kein Anrecht auf Arbeitnehmersparzulage besteht, aber auch die ausgezahlten Beträge der Arbeitnehmersparzulage. Maximal gefördert werden Einzahlungen bis zu 700,-€ (Ledige) und 1.400,-€ (verheiratete Paare). Dementsprechend bekäme man bis zu 70,-€ (bzw. bis zu 140,-€) Prämie pro Jahr. Die Einkommensgrenzen liegen hier höher als bei der Arbeitnehmersparzulage. So liegt die Grenze hier bei 35.000,-€ für Ledige und 70.000,-€ für verheiratete Paare. Auch sind wieder Freibeträge, sowie abzugsfähige Kosten zu berücksichtigen, so dass man Brutto durchaus auch einiges mehr verdienen kann, ohne die Förderung zu verlieren. Die Wohnungsbauprämie beantragen Sie direkt beim Anbieter.

Andere Förderungen

Daneben gibt es je nach Anlageart noch andere Möglichkeiten staatlicher Förderungen, wie zum Beispiel Steuererleichterungen bei Verträgen zur betrieblichen Altersvorsorge[13].

---

12 Falls Sie keinen Anspruch auf die Arbeitnehmersparzulage haben, oder diese nicht beantragen reichen dann auch schon 50,-€ pro Jahr.

13 Genauer erläutert in den Kapiteln „Steuern und Sozialversicherung“ und „Betriebliche Altersvorsorge“

Aufstocken und Verteilen

Möchten Sie den Vorteil der staatlichen Zulagen voll ausnutzen, so kann es sich lohnen, die vermögenswirksamen Leistungen des Arbeitgebers mit eigenen Beträgen aufzustocken. Dazu müssen Sie ihren Arbeitgeber lediglich schriftlich anweisen, Beträge aus ihrem Lohn/Gehalt zu entnehmen und diese Beträge direkt in die Verträge einzuzahlen, anstatt diese an sie auszuzahlen.

Zudem können Sie die Beträge ja auch in mehrere Verträge einfließen lassen, um die staatliche Förderung bestmöglich auszuschöpfen. So ist es beispielsweise möglich, sowohl die beiden Varianten der Arbeitnehmersparzulage, als auch die Wohnungsbauprämie gleichzeitig zu erhalten. Als Single könnten Sie somit insgesamt jährlich 193,-€ staatliche Zulagen erhalten, sofern Sie in dem entsprechenden Kalenderjahr insgesamt 1.570,-€ vermögenswirksame Leistungen in entsprechende Verträge eingezahlt haben, bei Ehepaaren verdoppeln sich diese Summen (386,-€ Zulagen bei 3.140,-€ vermögenswirksamen Leistungen pro Jahr).

Unterschiede zwischen Zulagen/Prämien und Zinsen

Vielen Menschen ist der entscheidende Unterschied zwischen Verzinsung und Zulagen/Prämien nicht bewusst. Oft wird beides im Sprachgebrauch gleich gesetzt. Dadurch kommt es leider immer wieder zu Missverständnissen. Eine klare Abgrenzung ist hier wichtig, denn dieser Unterschied ist für die Wertentwicklung ihrer Anlage von sehr großer Bedeutung.

Die staatliche Förderung vermögenswirksamer Leistungen erhalten Sie meist in Form einer Zulage oder Prämie, das heißt, man bekommt diese einmalig für die in diesem Jahr eingezahlten Beträge. Zum Vergleich: bei Verzinsungen bekommt man jährliche Zinszahlungen für das im jeweiligen Jahr maßgebliche Guthaben. Wenn man nun jedes Jahr die Zulage erhält, hat man natürlich am Ende den entsprechenden Prozentsatz mehr auf dem Konto, egal ob nach 7, 10 oder 20 Jahren. Wenn man diesen Zinssatz jedoch auf die Jahre herunterrechnet und mit einer jährlichen Verzinsung vergleicht, sieht die Sache schon ganz anders aus.

Nehmen wir als Beispiel die Wohnungsbauprämie mit 10%[14]. Wenn wir diese in jedem Jahr erhalten, haben wir am Ende, wenn wir sonstige Zinsen und Gebühren zu Vereinfachung außen vor lassen, insgesamt 10% mehr Gut-

14 10% ab 2021

haben. Soweit so gut. Das hört sich im ersten Moment viel an, denn wo bekommt man sonst noch 10%? Hier kommt nun aber die Krux der Zulage ins Spiel. Denn Zulage ist nicht gleich Verzinsung. Rechnet man nämlich diese 10% zusätzliches Guthaben in eine äquivalente jährliche Verzinsung um, so entsprechen die 10% Zulage bei 7 Jahren einer rechnerischen jährlichen Verzinsung von 1,37%, bei 10 Jahren immerhin noch von 0,96% und bei 20 Jahren von nur noch 0,48%[15].

Sperrfristen

Vermögenswirksame Leistungen sollen für eine bestimmte Mindestdauer angelegt werden[16]. Kündigt man vorher, so können staatliche Zulagen verloren gehen. Die Sperrfristen betragen:

6 Jahre Einzahlung und zusätzlich maximal 1 Jahr Ruhezeit bis zum Jahreswechsel bei Wertpapierverträgen, sowie anderen Vermögensbeteiligungen und Verpflichtungen aus Unternehmensbeteiligungen. Davon betroffen sind beispielsweise die Anlagen in Fondssparplänen, Genossenschaften und die Beteiligungen am Unternehmenserfolg des Arbeitgebers, sowie anderen Beteiligungen und Wertpapieren.

7 Jahre bei Sparverträgen, Baufinanzierungen und Aufwendungen nach dem Wohnungsbau-Prämiengesetz. Dies umfasst dementsprechend Bausparverträge, sowie Banksparpläne und Geldsparverträge.

12 Jahre beträgt die Sperrfrist bei Kapitallebensversicherungen.

In Ausnahmefällen kann auch innerhalb der Sperrfristen unschädlich, das heißt ohne Verlust der Förderung, über das angelegte Vermögen verfügt werden.

Solche Ausnahmefälle sind zum Beispiel:

- Sie oder ihr nicht dauernd getrennt lebender Ehegatte oder Lebenspartner sind nach Vertragsabschluss gestorben oder bei einem von Ihnen ist ein Grad der Behinderung von mindestens 95 eingetreten.
- Sie haben nach Vertragsabschluss, aber noch vor der vorzeitigen Verfügung geheiratet, beziehungsweise eine Lebenspartnerschaft begrün-

15 Eigene Berechnungen, ohne Gewähr
16 §2, 5. VermBG

det und es sind im Zeitpunkt der vorzeitigen Verfügung mindestens 2 Jahre seit Beginn der Sperrfrist vergangen.

- Sie sind nach Vertragsabschluss arbeitslos geworden und die Arbeitslosigkeit besteht im Zeitpunkt der Verfügung ununterbrochen seit mindestens einem Jahr.
- Sie haben nach Vertragsabschluss ihr Arbeitsverhältnis gekündigt und eine selbständige Erwerbstätigkeit aufgenommen.
- Die Anlage ist ohne ihre Mitwirkung wertlos geworden ist. Diese Bedingung ist bereits erfüllt, falls der Wert der in den Vertrag eingezahlten vermögenswirksamen Leistungen unter 33% gefallen ist.

Fazit

Der Staat will mit Förderungen einen Anreiz zur Vermögensbildung und zur Erhöhung der Eigenheimquote leisten. Dadurch fördert er die jährlichen Einzahlungen mit entsprechenden Zulagen. Diese sind alleine aufgrund ihrer Höhe sehr lukrativ. Allerdings gibt es mehrere Stolpersteine im Zusammenhang mit den Prämien und Zulagen. So klingt der Zinseffekt der staatlichen Zulagen mit den Jahren ab. Je länger der Vertrag läuft, desto geringer wird dieser Vorteil. Daneben sind diese Zulagen auch an bestimmte Bedingungen geknüpft, die mit den Jahren verloren gehen können. So kann man mit dem zu versteuernden Einkommen über die Einkommensgrenze kommen und verliert dadurch dann einen Teil der eingeplanten Förderungen. Oder man kann, bzw. möchte später nicht mehr in die eigenen vier Wände investieren und verliert im Fall von Bausparverträgen die Förderung komplett.

Stützen Sie daher ihre Entscheidung niemals nur darauf, die staatliche Förderung mitzunehmen. Verlieren Sie nämlich den Anspruch auf die Förderung, kann aus einem lukrativen Vertrag ein Verlustgeschäft werden. Zudem sind manche Verträge selbst mit staatlicher Förderung nicht immer lohnenswert.

Steuern und Sozialversicherung

Vermögenswirksame Leistungen sind meist steuer- und sozialversicherungspflichtig, auch sind die Erträge der verschiedenen Anlagearten meist steuerpflichtig. Ich möchte Ihnen daher einen kleinen Überblick geben, welche Belastungen, aber auch Entlastungen auftreten können. Den folgenden Ausführungen liegt der mir bekannte Stand zugrunde. Die Auflistung ist nicht abschließend oder vollständig, alle Angaben sind ohne Gewähr und können sich aufgrund anderer Rechtslage zwischenzeitlich geändert haben. Die Angaben sollen nur einen Überblick vermitteln und ersetzen keine Beratung durch einen Steuerberater.

Einkommenssteuer und Sozialabgaben

Die eingezahlten vermögenswirksamen Leistungen müssen, außer im Fall der betrieblichen Altersvorsorge, in Deutschland direkt versteuert werden. Auch sind diese Beträge vollständig sozialversicherungspflichtig. Das gilt auch, falls ihr Arbeitgeber Ihnen vermögenswirksame Leistungen zusätzlich zum Lohn/Gehalt zahlt. In diesem Fall wirken die zusätzlichen Beträge wie eine Lohn-/Gehaltserhöhung. Dadurch reduziert sich in diesem Fall ihr Nettolohn/Nettogehalt geringfügig, da Steuern und Sozialabgaben nicht von den eingezahlten vermögenswirksamen Leistungen abgezogen, sondern direkt von ihrem Lohn abgeführt werden. Dadurch erhöhen sich aber auch die späteren Leistungen der entsprechenden Sozialversicherungen geringfügig.

Im Fall der betrieblichen Altersvorsorge haben sie bei Steuerpflicht in Deutschland einen leichten Steuervorteil. Sie müssen beim Ansparen für die eingezahlten vermögenswirksamen Leistungen keine Steuern oder Sozialabgaben zahlen. Stocken Sie selbst auf, so vermindert sich ihre Abgabenlast entsprechend des vom Lohn entnommenen Betrages. Allerdings sinkt dadurch auch ihre spätere gesetzliche Rente etwas. Bei Auszahlung der Leistungen im Rentenalter unterliegen Sie dann aber der nachgelagerten Besteuerung und müssen die Auszahlungen versteuern, sowie Sozialabgaben leisten. Bei den Sozialabgaben müssen Sie zudem neben dem Arbeitnehmeranteil auch noch den Arbeitgeberanteil, den sonst normalerweise der Arbeitgeber zahlt, tragen.

Die ausgezahlten Arbeitnehmersparzulagen und Wohnungsbauprämien sind in Deutschland weder steuer-, noch sozialversicherungspflichtig.

Abgeltungssteuer

Erwirtschaften Sie beispielsweise Zinsgewinne, oder erzielen Sie beim Verkauf von Aktien/Fonds Kursgewinne, so müssen Sie diese Gewinne bei Steuerpflicht in Deutschland auch entsprechend versteuern. Hier empfiehlt sich ein entsprechend hoher Freistellungsauftrag, den Sie bei ihrem VL-Anbieter einreichen.

Liegt kein entsprechend hoher Freistellungsauftrag vor, so sind inländische Kreditinstitute seit 2009 verpflichtet, beim Zufluss der Kapitalerträge Kapitalertragssteuer in Höhe von einheitlich 25% einzubehalten[17]. Diese Steuer hat abgeltende Wirkung, daher spricht man auch von Abgeltungssteuer.

Welche Erträge sind abgeltungssteuerpflichtig?

Hierunter fallen fast alle Erträge, die Sie mit eingesetztem Kapital erwirtschaften. Dazu gehören zum Beispiel[18]:

- Dividenden und Gewinnausschüttungen[19] aus Aktien, GmbH-Anteilen, Genossenschaftsanteilen und aktienähnlichen Genussrechten mit Beteiligung am Betriebsergebnis und Liquidationserlös. Dies betrifft also Dividenden und Ausschüttungen bei Beteiligungen am Unternehmen des Arbeitgebers, sowie Genossenschaften.
- Von Fonds ausgeschüttete, oder thesaurierte Zinsen, Dividenden und inländische Mieterträge.
- Zinsen[20] aus Guthaben und Einlagen bei Bausparkassen, Banken und Sparkassen, sowie Wertpapieren und bestimmten Genussrechten[21]. Dies betrifft also zum Beispiel Guthabenzinsen beim Bausparvertrag, oder Banksparplan.
- Veräußerungsgewinne, also realisierte Kursgewinne und Wertzuwächse. Dies betrifft die Gewinne aus dem Verkauf von Fondsanteilen, GmbH-Anteilen, Genossenschaftsanteilen, betrifft aber auch Fälle wie Rücktritt oder Abtretung an Dritte. Realisiert bedeutet, dass ein Verkauf, Rücktritt oder Abtretung auch wirklich stattgefunden hat. Als

17 §43 Abs. 1, EStG
18 Die Liste ist nicht abschließend, Angaben ohne Gewähr
19 §20 Abs. 1 Nr.1, EStG
20 §20 Abs. 1 Nr.7, EStG
21 Anleiheähnliche Genussrechte ohne Rechte auf Beteiligung am Betriebsergebnis, oder der Liquidation

Gewinn wird zumeist die Differenz zwischen Kaufpreis und Verkaufspreis des entsprechenden Anteils angesetzt.

- Währungsgewinne beim Verkauf von Wertpapieren in ausländischer Währung. Bei Währungsverlusten können Sie diese aber auch steuermindernd geltend machen.
- Kostenlos ausgegebene Aktien (sogenannte Bonus-, oder Treueaktien)
- Sachausschüttungen aus Aktiengesellschaften
- Schadensersatz für Verluste aufgrund von Beratungsfehlern im Zusammenhang mit Wertpapieren.
- Zinsen, beziehungsweise der Gewinn aus Kapitallebensversicherungen, oder fondsgebundenen Rentenversicherung. Ebenso gilt dies für den Gewinn aus dem Verkauf solcher Verträge auf dem Zweitmarkt.
- Zinsen aus Einkommenssteuererstattungen.

Nicht abgeltungssteuerpflichtig sind hingegen[22]:

- Die Arbeitnehmersparzulage und die Wohnungsbauprämie
- Der Bezug von Gratisaktien bei einer Kapitalerhöhung, da hier lediglich der Wertverlust alter Aktien mit neuen jungen Aktien ausgeglichen wird.
- Ein Aktiensplit, also eine bloße Änderung der Stückelung ihrer Aktien.
- Ein Squeeze-Out, also der Zwangsumtausch der Aktien von Minderheitsaktionären.
- Ein Aktientausch, also wenn bei einer Fusion oder Firmenübernahme ihre bisherigen Aktien gegen Aktien der neuen Gesellschaft getauscht werden[23].
- Vor 2009 erworbene Fonds-Anteile können steuerfrei verkauft werden[24].
- Rentenzahlungen, unabhängig davon, ob aus gesetzlicher Rente, betrieblicher Altersvorsorge, oder privaten Rentenversicherungen, unter-

22 Die Liste ist nicht abschließend, Angaben ohne Gewähr

23 § 20 Abs. 4a Satz 1, EStG

24 § 18 Abs. 1, InvStG

liegen nicht der Abgeltungssteuer[25], können aber eventuell der Einkommenssteuer unterliegen.

Falls Sie ihre vermögenswirksamen Leistungen für ihre Kinder einsetzen möchten, macht es durchaus Sinn, auch die Verträge auf diese zu übertragen. Dadurch werden die Kapitalerträge diesen zugerechnet, was dann auch je nach deren Einkommen Kapitalertragssteuern spart.

Einen Sonderfall bilden Lebensversicherungen. Hier hängt die steuerliche Behandlung sehr stark von vielen verschiedenen Faktoren, wie dem Zeitpunkt des Vertragsabschlusses, der vertraglichen Ausgestaltung, sowie dem Zeitpunkt und der Art des Vertragsendes ab. Es ist deshalb sehr schwierig, diese Sachverhalte adäquat darzustellen, da es sehr stark vom Einzelfall abhängt, ob und inwiefern eine Steuerpflicht besteht. Wenden Sie sich bei steuerlichen Fragen zu Lebensversicherungen daher am Besten an einen Steuerberater.

Doppelbesteuerung thesaurierter Erträge

Da sowohl thesaurierte, als auch ausgeschüttete und ausgezahlte Erträge von Fonds besteuert werden, besteht die Gefahr, dass Erträge fälschlicherweise doppelt besteuert werden.

Bei inländischen Fonds müssen Sie im Normalfall nichts unternehmen, denn die Depotbank oder die Fondsgesellschaft muss bereits versteuerte Erträge herausrechnen, bevor sie die Kapitalertragssteuern einbehalten[26].

Bei ausländischen, thesaurierenden Fonds hingegen wird der während des Besitzes nicht vorgenommene Abzug der Kapitalertragssteuer bei Verkauf oder Rückgabe der Fondsanteile dann von der inländischen Depotbank oder Fondsgesellschaft nachgeholt. Hier müssen Sie aufpassen, denn die Steuer wird generell zuerst einmal einbehalten, auch wenn Sie diese Erträge in vorherigen Steuererklärungen bereits angegeben und versteuert haben. Sie müssen daher in der Steuerklärung für das betreffende Jahr selbst den Veräußerungsgewinn um die entsprechenden Beträge kürzen. Sie finden die entsprechende Zeile in der Anlage KAP[27].

25 BMF-Schreiben vom 05.02.2008, BStBl. 2008 I, S. 420
26 § 8 Abs. 5 Satz 3, InvStG
27 Aktuell (Stand 03/2021) handelt es sich um Zeile 7 der Anlage KAP

Grenzgänger

Die oben genannten Ausführungen betreffen Anleger mit Steuerpflicht in Deutschland. Sind Sie Grenzgänger und im Ausland steuerpflichtig, müssten Sie abklären, welche Regelungen diesbezüglich gelten. Teils sind solche Fragen auch in bilateralen Abkommen über Grenzgänger geregelt, meist in sogenannten Doppelbesteuerungsabkommen. Hier lohnt sich die Nachfrage bei einem der Grenzgängervereine, oder einem Steuerberater.

Im Rahmen der Kapitalertragssteuer, beziehungsweise Abgeltungssteuer müssen Sie als Grenzgänger allerdings aufpassen. Grundsätzlich besteht eine Steuerpflicht für in Deutschland erzielte Einkünfte[28], allerdings wird das entsprechende Besteuerungsrecht in Doppelbesteuerungsabkommen meist dem Staat zugesprochen, in dem Sie ihren Wohnsitz haben. Wenn Sie diesen Wohnsitz der entsprechenden Bank nachweisen, so wird bei Gewinnen aus Aktienverkäufen und Zinsen meist keine Kapitalertragssteuer durch die Bank eingezogen. Wurde Abgeltungssteuer, zum Beispiel für Dividenden, einbehalten, so können Sie sich diese oft zumindest teilweise vom deutschen Bundeszentralamt für Steuern erstatten lassen. Den nicht erstattungsfähigen Anteil der einbehaltenen Steuern können Sie aber auch in der Regel bei der entsprechenden Steuer im Ausland anrechnen lassen. Klären Sie dies am Besten vorab mit ihrem Steuerberater ab.

Steuererklärung

Die Abgabe einer Steuererklärung kann verpflichtend nötig werden, falls Sie zum Beispiel zusätzlich zum Lohn/Gehalt Kapitalerträge haben, die den Freibetrag übertreffen, oder Sie vergessen haben, einen Freistellungsauftrag in entsprechender Höhe beim Anbieter einzureichen und bereits Abgeltungssteuer abgeführt wurde. Das selbe ist der Fall, wenn die Abgeltungssteuer nicht an der Quelle einbehalten werden kann, zum Beispiel bei einem Aktien- oder Fondsdepot im Ausland. Dann wären die steuerpflichtigen Erträge zwingend in der Steuererklärung anzugeben.

Aber auch die freiwillige Abgabe einer Steuererklärung kann sich lohnen. Haben Sie zum Beispiel nur geringe Einkünfte durch Lohn/Gehalt, so können Sie gezahlte Abgeltungssteuer teilweise zurückbekommen. Das Finanzamt behält nämlich zuerst einmal die Abgeltungssteuer in Höhe von 25% ein. Haben Sie aber durch ein geringes Einkommen einen geringeren Steuersatz, so

28 §49, EStG

wird im Rahmen der Günstigerprüfung der geringere Satz festgesetzt, zu viel gezahlte Beträge werden dann, aufgerundet auf volle Euro, zurückerstattet.

Auch wenn Sie vergessen haben, einen Freistellungsauftrag zu erteilen und bereits Abgeltungssteuer abgeführt wurde, können Sie die Steuer ebenfalls über ihre Einkommenssteuererklärung zurück erhalten. Die Beträge werden dann auf volle Euro aufgerundet und erstattet.

Haben Sie Veräußerungsverluste zu beklagen, weil also beispielsweise ihre Fondsanteile an Wert verloren haben und Sie diese mit Verlust verkaufen müssen, so geben Sie diese Werte in der Anlage KAP ihrer Steuererklärung an, Sie können dann eventuell eine entsprechende Steuerminderung erreichen. Diesen „Steuertrick“ können Sie auch bei mehreren verschiedenen Fonds im Portfolio nutzen. Sorgt zum Beispiel der Verkauf eines gewinnträchtigen Fonds für eine hohe Steuerlast, so können Sie diese eventuell durch den Verkauf verlustträchtiger Fondsanteile, die sich steuermindernd auswirken, verringern. Wollen Sie den verlustreichen Fonds trotz allem im Portfolio halten, so können Sie die Anteile meist direkt wieder zurückkaufen. Allerdings erhöhen sich dadurch spätere steuerrelevante Umsätze. Achten Sie zudem auch darauf, dass die Steuerersparnis mindestens die dabei anfallenden Transaktionskosten übersteigt und beraten Sie sich vorab mit ihrem Steuerberater.

Zuletzt lohnt sich die Abgabe der Steuererklärung auch, falls Sie Anrecht auf die Arbeitnehmersparzulage haben. Diese Zulage wird nämlich über die Steuererklärung beantragt. Dazu müssen Sie im Mantelbogen das entsprechende Häkchen setzen, der Rest läuft dann von alleine, denn die entsprechenden Daten werden dem Finanzamt meist vom Anbieter direkt übermittelt. Dies gilt auch für Grenzgänger mit Steuerpflicht im Ausland, hier geben Sie lediglich den ausgefüllten Mantelbogen mit dem gesetzten Häkchen bei dem Antrag für die Arbeitnehmersparzulage ab.

Steuerberater

Die Steuergesetzgebung befindet sich in Deutschland in einem ständigen Wandel. Neue Gesetze und Regelungen treten fast täglich in Kraft, werden geändert, anders umgesetzt, oder außer Kraft gesetzt. Zudem gibt es auch noch Änderungen durch Urteile der Finanzgerichte. Um all das für ihre Anlage in einen richtigen Kontext zu bringen, empfiehlt es sich, die Beratung eines Steuerberaters in Anspruch zu nehmen.

Die Anlageformen im Detail

Bausparen

So ziemlich die bekannteste Anlagemöglichkeit ist das Bausparen. Dies liegt sowohl an dem vor allem in Deutschland historisch gewachsenen Wunsch, ein eigenes Heim zu besitzen, als auch an der hohen Bekanntheit durch Werbung für diese Anlageform.

Dabei handelt es sich um eines der kompliziertesten Produkte mit Fallstricken und verdeckten, bzw. nicht direkt absehbaren Kosten. Die Berechnung ist zudem stark vom Einzelfall abhängig. Aspekte wie Ansprüche auf staatliche Förderung sind hier noch relativ einfach einzubeziehen. Die Rentabilität des Kredites kann man wiederum nur schwer abschätzen. Diese hängt sehr stark von der künftigen Entwicklung für Baukredite ab.

Bausparverträge bekommen Sie bei den Bausparkassen, Vermittlern oder normalen Geschäftsbanken. Bausparen ist sehr stark durch Gesetze reguliert und abgesichert. Derzeit gibt es in Deutschland 12 private Bausparkassen und 9 Landesbausparkassen, die entsprechende Verträge anbieten.

Die Grundidee ist der Gedanke des kollektiven Sparens. Viele Bausparer zahlen in das System ein und finanzieren sich gegenseitig günstige Kredite für die eigenen vier Wände.

Besonderheiten von Bausparverträgen

Bausparverträge haben aufgrund ihrer geschichtlichen Entwicklung und der gesetzlichen Rahmenbedingungen einige spezifische Besonderheiten.

Drei Phasen

Bausparen unterteilt sich in drei verschiedene Phasen.

1. In der **Sparphase** zahlen Sie die Abschlussgebühr ab und sparen anschließend ihr Bausparguthaben an. Das bereits angesparte Guthaben wird während dieser Zeit verzinst.
2. In die **Zuteilungsphase** kommen Sie, wenn die aus ihrem bisherigen Sparverlauf errechnete Bewertungszahl über der aktuellen Zielbewertungszahl liegt und Sie das Mindestsparguthaben, sowie die Mindestspardauer überschritten haben. Sind diese drei Bedingungen erfüllt, so ist der Vertrag zuteilungsreif und Sie müssen entscheiden, wie es weiter geht. Sie können sich das Guthaben inkl. Zinsen und Förderung auszahlen lassen, dann ist der Vertrag beendet. Oder Sie können weiter sparen, bis die Bausparsumme erreicht ist. Wählen Sie die dritte Möglichkeit und nehmen das Bauspardarlehen in Anspruch, so geht der Vertrag in die dritte Phase, in den anderen beiden Fällen ist der Vertrag nach Auszahlung des Guthabens beendet.
3. In der **Darlehensphase** erhalten Sie das Bauspardarlehen, also die Differenz zwischen der vereinbarten Bausparsumme und ihrem Bausparguthaben inkl. Zinsen und Förderung ausbezahlt. Anschließend bezahlen Sie das Bauspardarlehen ab. Innerhalb von 12 Monaten ab Auszahlung des Betrages müssen Sie zudem den Nachweis der wohnwirtschaftlichen Verwendung bringen. Kommen Sie dieser Verpflichtung nicht nach, so ist die Bausparkasse verpflichtet, dies dem Finanzamt zu melden und die staatlichen Zulagen wieder zurückzufordern. Sammeln Sie deshalb die entsprechenden Nachweise sorgfältig und reichen Sie Kopien davon zeitnah bei der Bausparkasse ein.

Wohnungswirtschaftliche Verwendung

Was viele (angehende) Bausparer übersehen. Der eigentliche, vom Staat geförderte Zweck des Bausparens ist nicht der Aufbau von Geldvermögen für den Konsum oder als „Alterspolster“, sondern die Förderung der Wohnraumversorgung der Bevölkerung.

Aus diesem Grund sind die staatlichen Zulagen, sowie die Gewährung des im Bausparvertrag vereinbarten Darlehens zweckgebunden. Gemäß Bausparkassengesetz dürfen diese Darlehen, sowie die Zulagen nur ausgezahlt werden, um sogenannte „wohnungswirtschaftliche Maßnahmen“ zu finanzieren.

Laut Bausparkassengesetz[29] zählen dazu:

➔ die Errichtung, Beschaffung, Erhaltung und Verbesserung von überwiegend zu Wohnzwecken bestimmten Gebäuden und von Wohnungen, insbesondere von Eigenheimen und Eigentumswohnungen, sowie der Erwerb von Rechten zur dauernden Nutzung von Wohnraum,

➔ die Errichtung, Beschaffung, Erhaltung und Verbesserung von anderen Gebäuden, soweit sie Wohnzwecken dienen,

➔ der Erwerb von Bauland und Erbbaurechten zur Errichtung von überwiegend zu Wohnzwecken bestimmten Gebäuden,

➔ der Erwerb von Bauland und Erbbaurechten zur Errichtung anderer Gebäude hinsichtlich des Anteils, der dem Verhältnis des zu Wohnzwecken bestimmten Teils des auf dem Grundstück zu errichtenden Gebäudes zum Gesamtgebäude entspricht, Maßnahmen zur Erschließung und zur Förderung von Wohngebieten,

➔ die Ablösung von Verbindlichkeiten, die zur Durchführung von den vorher genannten Maßnahmen eingegangen worden sind,

➔ die Ablösung von Verbindlichkeiten, die auf einem überwiegend zu Wohnzwecken dienenden Grundstück ruhen.

Als wohnungswirtschaftliche Maßnahmen gelten also die Ablösung von Verbindlichkeiten, die zur Leistung von Bauspareinlagen eingegangen worden sind, sowie gewerbliche Bauvorhaben und der Erwerb gewerblicher Bauwerke, wenn sie dazu bestimmt sind, zur Versorgung mit Wohnraum beizutragen.

Achtung: Die Verwendung für diesen Zweck muss vom Bausparer nachgewiesen werden können!

29 §1 Abs. 3, BauSparKG

➔ Ausnahmen sind:

- Vertragsabschluss im Alter von 16-25 Jahren nach einer Wartezeit von sieben Jahren (Ablauf der Sperrfrist). Diese Regelung gilt aber nur einmal pro Bausparer!
- Vertragsabschluss vor 2009. Bei diesen Altverträgen galt die Zweckbindung nur für die siebenjährige Sperrfrist. Bei später abgeschlossenen Verträgen gilt die Zweckbindung unbegrenzt.
- Die Prämien bleiben auch bei sogenannter „unschädlicher Verwendung" erhalten. Im entsprechenden Gesetz[30] heißt es dazu: „Unschädlich ist auch eine Verfügung ohne Verwendung zum Wohnungsbau, wenn der Bausparer oder sein von ihm nicht dauernd getrennt lebender Ehegatte nach Vertragsabschluss gestorben oder völlig erwerbsunfähig geworden ist oder der Bausparer nach Vertragsabschluss arbeitslos geworden ist und die Arbeitslosigkeit mindestens ein Jahr lang ununterbrochen bestanden hat und im Zeitpunkt der Verfügung noch besteht."

Die Beschränkung von staatlicher Förderung und Darlehen auf „wohnwirtschaftliche Verwendungen" (mit wenigen Ausnahmen, siehe oben) macht Bausparverträge lediglich attraktiv, wenn Sie planen, das Geld später in Wohnimmobilien zu investieren. Für reine Geldanlagen zum Vermögensaufbau ist Bausparen in der aktuellen Niedrigzinsphase unattraktiv.

Bewertungszahl und Zuteilung

Aufgrund dessen, dass die Bausparkasse im Grunde nur das eingezahlte Geld von den Sparern an die Darlehensnehmer verteilt, ist der finanzielle Rahmen, in dem sich die Bausparkasse laut Gesetz bewegen muss, sehr begrenzt. Je nachdem, ob die Bausparkasse gerade viele oder wenige Einzahlungen in die Bausparverträge erhält, kann Sie mehr oder weniger Geld an die einzelnen Bausparer auszahlen. Um die gesetzlich festgelegte Gleichberechtigung der Bausparer zu gewährleisten, werden Bausparverträge nach bestimmten einheitlichen Kriterien anhand der Bewertungszahlen der Verträge zugeteilt. Sind zum Beispiel gerade wenige Bausparer am Einzahlen, muss

30 §2 Abs. 2, WoPG

man mit längeren Wartezeiten rechnen. Fließt hingegen gerade mehr Geld in das System, so bekommt man die Zuteilung früher.

Neben dem Erreichen des Mindestsparguthaben ist auch die aktuelle Höhe der Bewertungszahl des Vertrages eine wichtige Kennzahl, die die Zuteilung eines Bausparvertrages beeinflusst. Diese wird an vorher festgelegten Terminen aufgrund ihrer Sparleistung berechnet und mit einer zu diesem Zeitpunkt errechneten Zielbewertungszahl verglichen.

Die Berechnung der Bewertungszahl eines Vertrages beim Bausparen ist meist von Anbieter zu Anbieter unterschiedlich und kann auch zwischen einzelnen Tarifen des selben Anbieters schwanken. Generell kann man aber festhalten, dass hohe Einzahlungen am Vertragsbeginn einen höheren Einfluss auf die Bewertungszahl haben, als spätere Einzahlungen. Allerdings gehen höhere frühe Einzahlungen auch mit einer höheren Kapitalbindung in Verbindung mit niedrigen Zinsen einher, was stark auf Kosten der Rendite geht.

Der Zeitpunkt der Zuteilung ist beim Abschluss eines Bausparvertrags immer ungewiss. Den Bausparkassen und deren Mitarbeitern ist es deshalb auch gesetzlich verboten, einen festen Zuteilungstermin zuzusagen[31]. Planen Sie also am Besten einen zeitlichen Puffer ein, denn sonst müssen Sie eventuell teuer zwischenfinanzieren, falls sich die Zuteilung verzögert.

Das System der Bewertungszahl soll eine Gleichberechtigung der Bausparer sicherstellen. Der Grundgedanke ist der, dass zuerst diejenigen Bausparer ihren Vertrag zugeteilt bekommen, die schon am meisten zur Vertragserfüllung beigetragen haben. Was hier dem Gedanken der Gleichberechtigung entgegensteht ist aber die Tatsache, dass Mitarbeiter der Bausparkassen und der kooperierenden Banken nur eine verminderte oder gar keine Abschlussgebühr zahlen müssen. Da die Abschlussgebühr aber einen erheblichen Einfluss auf den Kontostand, sowie die Wertentwicklung des Bausparvertrages am Anfang hat und somit natürlich auch die Bewertungszahl beeinflusst, liegt hier eine Besserstellung der eigenen Mitarbeiter gegenüber den anderen Bausparkunden vor, die meines Erachtens nach dem Grundsatz der Gleichberechtigung entgegensteht. Hier besteht aus meiner Sicht Handlungsbedarf. Eine Lösungsmöglichkeit wäre es, als Basis statt dem jeweiligen Guthaben des Bausparvertrages an den Stichtagen, die Summe der Einzahlungen zu nehmen und mit einem (fiktiven) Zinssatz zu bewerten.

31 §4 Abs. 5, BauSparKG

Mindestbausparguthaben

Vor Zuteilung muss ein bestimmter, im Vertrag festgelegter Prozentsatz der Bausparsumme angespart werden. Dieser Prozentsatz liegt meist zwischen 30% und 50% der Bausparsumme.

Es besteht aber meist auch in bestimmten, vom Tarif abhängigen Grenzen die Möglichkeit einer Wahlzuteilung. In diesem Fall kann man mit der Bausparkasse selbst nach Vertragsschluss noch vereinbaren, dass man das Darlehen bereits mit einem Guthaben unter dem vertraglich festgelegten Prozentsatz erhält. Hierbei ist aber zwingend die Zustimmung der Bausparkasse nötig. Allerdings sind die Tilgungsraten dann höher, denn die Bausparkasse möchte den höheren Betrag genauso schnell zurückhaben, wie den ursprünglich vereinbarten Darlehensbetrag. Hier empfiehlt es sich daher, abzuschätzen, ob man die höheren Raten dann auch stemmen kann.

Bausparsumme

Die Bausparsumme ist neben der Tarifwahl die wichtigste Größe zur Bestimmung des Bausparvertrages. Sie wird ausgezahlt, wenn die Zuteilungsvoraussetzungen erfüllt sind.

Aus verschiedenen Gründen sollte man darauf achten, dass man den Bausparvertrag so klein wie möglich, aber auch so groß wie nötig wählt:

Planungszeitraum

Ein Bausparvertrag kann nach 7 Jahren zugeteilt werden. Planen Sie den Vertrag so, dass er möglichst zu diesem Zeitpunkt mit dem erforderlichen Mindestguthaben bespart und die entsprechende Bewertungszahl erreicht werden kann. Wählen Sie die Summe zu hoch, so müssen Sie teils mehrere Jahrzehnte warten, das geht meist über die langjährige Planung hinaus.

Regelsparbeitrag

Bei Abschluss des Vertrages verpflichten Sie sich, mindestens einen bestimmten Betrag pro Monat einzuzahlen. Da es sich um einen wichtigen Vertragsbestandteil handelt, kann die Bausparkasse dessen Zahlung auch später anmahnen und den Vertrag, wenn Sie dieser Aufforderung nicht nachkommen, gegebenenfalls kündigen. Eine höhere Zahlung ist normalerweise auch ohne explizite Zustimmung der Bausparkasse möglich, kann aber jederzeit verweigert werden. Sollten Sie Probleme mit dem Aufbringen des Regelsparbeitrages haben, oder die vermögenswirksamen Leistungen lieber zuerst in die Tilgung eines Darlehens bei der selben Bausparkasse fließen lassen, so sprechen Sie mit der Bausparkasse, in diesen Fällen kann man eine entsprechende Aussetzung vereinbaren. Das ist meist immer noch besser, als den Vertrag vorzeitig zu kündigen.

Guthabenzinsen

Auf vorhandenes Guthaben von Bausparverträgen bekommt man im Vergleich zum Markt relativ geringe Zinsen. Je länger Sie einzahlen, desto mehr Geld lassen Sie im Vergleich zu anderen Anlagemöglichkeiten liegen. Auch deshalb ist eine möglichst kurze Sparphase sinnvoll.

Optimale Höhe der Bausparsumme

Tipp: Wenn Sie in 7 Jahren 50% der Bausparsumme angespart haben wollen, hilft Ihnen folgende Faustformel für die ungefähre Bestimmung der optimalen Bausparsumme:

optimale Bausparsumme = monatliche Einzahlungen x 170

Passen Sie also die Höhe der Bausparsumme der Höhe ihrer monatlichen Einzahlungen an. Leider kann man die Bausparsumme nur in vollen 1.000€ wählen. Achten Sie daher am Besten darauf, das die gewählte Bausparsumme im Bereich von 150 bis 200 mal der monatlichen Einzahlungen liegt[32]. Seien Sie dabei realistisch und falls Sie sicher sind, dass Sie in den folgenden Jahren keine Förderung erhalten, so planen Sie dies mit ein. Versuchen Sie möglichst eine Punktlandung in sieben Jahren nach Vertragsschluss, bzw. kurz nach dieser Frist.

Ein Problem ist aber leider, dass viele Bausparkassen erst Verträge ab ca. 5.000,-€ oder sogar erst ab 10.000,-€[33] anbieten. Dies macht für kleine Sparbeiträge aufgrund langer Laufzeiten allerdings meist sehr wenig Sinn.

Ein Beispiel: Haben Sie den „Klassiker“, also einen Bausparvertrag über 10.000,-€ mit 1% Abschlussgebühr abgeschlossen, so bräuchten Sie, wenn

32 Bei Ansparung von 50% der Bausparsumme in 7 Jahren. Bei 100% in 7 Jahren (reiner Sparvertrag ohne Darlehen) sollte die gewählte Bausparsumme im Bereich von 75 – 100 mal der monatlichen Einzahlung liegen. Eigene Berechnungen, ohne Gewähr

33 zum Beispiel Schwäbisch Hall, Stand 12/2020

Sie diesen mit 6,65€[34] monatlich besparen würden, über 50 Jahre[35] um 50% der Bausparsumme, also 5.000,-€ anzusparen.

Die Bausparsumme ist der wichtigste Einflussfaktor für die Laufzeit und damit die Rentabilität des Bausparvertrages. Diese nimmt mit zunehmender Laufzeit ab. Sinnvoll ist hier meist eine Punktlandung nach knapp 7 Jahren. Laufzeiten von teils mehreren Jahrzehnten sind wirtschaftlich und planungstechnisch wenig sinnvoll.

Bauspardarlehen

Auch das Bauspardarlehen birgt einige Besonderheiten. So ist das Darlehen ebenso wie die staatlichen Zulagen zwingend von der „wohnwirtschaftlichen Verwendung" abhängig. Brauchen Sie das Geld für andere Zwecke, so verlieren Sie sowohl die staatlichen Zulagen, als auch den Anspruch auf das Darlehen.

Höhe des Darlehens

Die Höhe des Bauspardarlehens berechnet sich wie folgt:

Bauspardarlehen = Bausparsumme – Bausparguthaben - Zulagen

Je höher also die Summe aus angespartem Guthaben und erhaltenen Zulagen ist, desto weniger profitieren Sie von den günstigen Darlehenszinsen. Wollen Sie von dem günstigen Darlehen bestmöglich profitieren, so versuchen Sie eine Punktlandung ihres Guthabens im Bereich des vertraglich vereinbarten Mindestbausparguthabens bei Ablauf der Sperrfrist und versuchen Sie zu diesem Zeitpunkt die Zuteilungsreife zu erlangen.

Um das Bauspardarlehen nachträglich noch erhöhen zu können, gibt es in manchen Tarifen die Möglichkeit der Mehrzuteilung. Hier hat man das vertraglich vereinbarte Mindestguthaben erreicht, kann aber auf Antrag ein höheres Darlehen bekommen. Auch hierzu ist die Zustimmung der Bausparkasse nötig. Analog zur Wahlzuteilung (siehe oben) sind hier aber auch die Tilgungsraten höher, denn die Bausparkasse möchte den höheren Betrag genauso schnell zurückhaben, wie den ursprünglich vereinbarten Darlehensbetrag.

34 zum Beispiel als Beamter, der nur die Vermögenswirksamen Leistungen des Dienstherren ohne eigene Zuzahlungen in den Vertrag einzahlt

35 Bei den aktuellen Guthabenzinsen nahe 0%, Stand 03/2021, eigene Berechnungen, ohne Gewähr

Es empfiehlt sich also, nachzurechnen, ob man die höheren Raten dann auch stemmen kann.

Tilgungsraten

Die Tilgungsraten für das Bauspardarlehen werden meist in monatlichen Raten von ihrem Bankkonto abgebucht. Sie können aber auch weiter die vermögenswirksamen Leistungen in den Vertrag laufen lassen. Sondertilgungen, bis hin zur Kompletttilgung sind bei Bausparverträgen meist kein Problem.

Tipp: Sie können übrigens die vermögenswirksamen Leistungen auch in der Darlehensphase weiter in den Bausparvertrag fließen lassen. Dazu müssen Sie im Normalfall nichts unternehmen, sondern die Zahlungen, die vorher in das Bausparguthaben eingezahlt wurden, einfach nur weiter laufen lassen. Dadurch wird des Darlehen schneller abbezahlt, das wiederum spart Zinsen und Sie erhalten (einkommensabhängig) weiter die staatlichen Zulagen (die ebenfalls wieder den Darlehensbetrag und die Zinsen vermindern). Das ist meist günstiger, als direkt einen neuen Bausparvertrag abzuschließen.

Der Darlehenszinssatz wird bei Vertragsschluss vereinbart und kann später auch nicht mehr geändert werden. Dieser Zinssatz ist zu diesem Zeitpunkt meist günstiger, als Baukredite bei den Banken. Allerdings relativiert sich dieser Vorteil ein Stück weit dadurch, dass das Darlehen deutlich schneller zurückgezahlt werden muss, als ein üblicher Bankkredit. Zwangsläufig sind dadurch bedingt auch die Kreditraten entsprechend höher als bei „normalen“ Krediten. Hier empfiehlt es sich, vor Vertragsabschluss die zu erwartenden Kreditraten bei der Bausparkasse anzufragen und nachzurechnen, ob man diese höheren Raten dann auch bedienen kann.

Außerdem ist ungewiss, ob dieser Zinssatz bei Zuteilung immer noch günstiger ist, als bei einem normalen Bankkredit. Sicher vorhersagen lässt sich dies bei den langen Laufzeiten der Verträge nicht.

Sicherheiten

Für das Bauspardarlehen kann die Bausparkasse die Stellung von Sicherheiten verlangen. Bei kleineren Beträgen (meist bis ca. 30.000,-€) sehen die Bausparkassen aber meist davon ab und Sie erhalten ein Blankodarlehen. Das spart zudem auch noch Kosten, die sonst für Notar- oder Grundbuchkosten fällig wären. Grundsätzlich ist die Einforderung von Sicherheiten aber nicht ausgeschlossen. Ist für die Stellung von Sicherheiten eine Eintragung im Grundbuch erforderlich, so begnügen sich die Bausparkassen meist mit der zweiten oder dritten Stelle. Falls Sie dann zusätzlich noch einen „normalen" Bankkredit benötigen, so bleibt der erste Rang im Grundbuch dafür frei, was Ihnen bei der Finanzierung enorm helfen kann.

Tarife

Bausparkassen haben oft mehrere Tarife im Programm, die sich in ihrer Ausgestaltung, also zum Beispiel in der Höhe der vereinbarten Spar- und Tilgungsbeträge, sowie den vereinbarten Zinsen, Gebühren und Entgelten unterscheiden. Bei manchen Tarifen gibt es Wechseloptionen in andere Tarife. Abschließen können Sie sowohl bei einem Berater, als auch online. Finanztest hat die Angebote von Beratern mit den Online-Rechnern der Bausparkassen verglichen[36]. In der Mehrzahl der Fälle waren dabei Online bessere Angebote zu bekommen, als vor Ort. Vergleichen lohnt sich also auch hier.

Allgemein werden meist die folgenden Varianten angeboten, teils auch wieder in Variationen und Untervarianten[37]:

Standardtarif

Dieser Tarif bietet normalerweise im Vergleich mit den anderen Tarifen eine ausgewogene Mischung: Mittlerer Zins, mittlere Tilgungsdauer und mittlere Tilgungsraten. Lediglich der Regelsparbeitrag in der Ansparphase ist etwas höher. Dadurch und durch die Berechnung der Bewertungszahl werden diese Tarife nach relativ kurzer Sparphase bereits zuteilungsreif.

Zinsgünstiger Tarif

Dabei handelt es sich um einen Tarif, der meist nur sehr geringe Guthabenzinsen bietet, dafür aber die günstigsten Darlehenszinsen bietet. Der Vorteil besteht hier darin, dass man ein Anrecht auf ein zinsgünstiges Darlehen erwirbt. Nachteile im Vergleich zu anderen Tarifen bestehen dabei aber in der relativ langen Ansparphase mit sehr geringen Zinsen und einer kurzen Darlehensphase mit verhältnismäßig hohen Raten.

---

36 „Online-Bausparrechner – Online schlägt Filiale" Finanztest 07/2015

37 Die Namensgebung stammt vom Autor selbst und soll die Eigenschaften dieser Varianten widerspiegeln

Renditetarif

Hier steht eine im Vergleich zu den anderen Bauspartarifen höhere Verzinsung im Vordergrund. Allerdings ist diese im Vergleich zu anderen Anlageformen immer noch relativ gering. Zudem steht einem hohen Guthabenzins auch ein entsprechend hoher Darlehenszins gegenüber.

Niedrigratentarif

Dieser Tarif ist auf relativ niedrige Spar- und Darlehensraten ausgelegt. Mit gleich hohen Raten kann so eine im Vergleich zu anderen Tarifvarianten relativ große Bausparsumme gestemmt werden. Allerdings muss man hierfür auch länger bei mageren Guthabenzinsen ansparen und ebenfalls länger bei im Tarifvergleich höheren Darlehensraten tilgen.

Finanzierungstarif

Bei diesem Tarif benötigt man statt den üblichen 50% angespartem Guthaben lediglich eine geringere Summe, um regulär zur Zuteilung zu kommen. Man kann also mit einem relativ geringen Bausparguthaben ein relativ großes Baudarlehen bekommen. Vorteilhaft ist, dass sich damit die mager verzinste Ansparphase verkürzt. Allerdings gibt es auch hier wieder ausgleichende Faktoren. So ist der Darlehenszins und auch die reguläre Tilgungsdauer hier wieder etwas höher.

Bausparsofortfinanzierung

Oft wird bei der Baufinanzierung, oder der Finanzierung eines Immobilienkaufs auch eine Kombination aus normalem Darlehen und Bausparvertrag angeboten. Diese Verträge möchte ich hier zur Vollständigkeit kurz vorstellen. Derartige Kombimodelle tragen unaussprechliche Namen wie Bausparsofortfinanzierung, Tilgungsaussetzungsdarlehen, oder Kombinationsfinanzierung, bzw. auch einfach nur kurz Kombifinanzierung. Angepriesen werden diese Produkte meist damit, dass der Häuslebauer oder -käufer hier ein günstiges Instrument zur Immobilienfinanzierung ohne Zinsrisiko nach Ablauf der Zinsbindung zur Hand hätte.

Der Ablauf ist ähnlich den oben bereits genannten drei Phasen des normalen Bausparvertrages:

1. In der ersten Phase schließen Sie den Darlehensvertrag und parallel den entsprechenden Bausparvertrag ab. Sie bekommen dann den Darlehensbetrag ausbezahlt. Anschließend zahlen Sie die Bausparraten, sowie die Darlehenszinsen. Tilgung leisten Sie hier meist noch keine.
2. In der Zuteilungsphase wird das Darlehen durch das angesparte Guthaben des Bausparvertrages teilweise getilgt und der Restbetrag durch das Bauspardarlehen abgelöst.
3. Anschließend tilgen sie das Bauspardarlehen zu den bereits bei Vertragsschluss festgelegten Konditionen.

Im Gegensatz zum normalen Bausparvertrag können Sie hier also direkt über den vollen Darlehensbetrag verfügen und müssen nicht auf die Zuteilung warten. Ein weiterer Vorteil ist auch, dass Sie die Konditionen direkt am Anfang festlegen können und sich später nicht um die Anschlussfinanzierung kümmern müssen.

Allerdings gibt es auch hier einige Nachteile. So ist diese Kombination oft nur dann wirklich günstiger als ein normales Darlehen, wenn die Zinsen für normale Immobiliendarlehen nach Ablauf der Zinsbindung um mehrere Prozentpunkte steigen, was keinesfalls sicher ist. Auch ist es bei den aktuellen Zinssätzen für Bausparguthaben, bzw. Darlehen günstiger, die Kreditsumme zu tilgen, als erst in ein Bausparguthaben einzuzahlen.

Zudem sehen gerade auch Verbraucherschützer solche Verträge sehr kritisch[38]. Neben den vorher genannten Nachteilen sieht der Verbraucherzentrale Bundesverband (vzbv) vor Allem die Gefahr, dass eine teure Zwischenfinanzierung nötig werden könnte, sobald sich die Zuteilung verzögert. Hier sollte man unbedingt darauf achten, dass die Zinsbindung des Vorausdarlehens mindestens bis zum voraussichtlichen Zuteilungstermin gesichert ist. Ansonsten hat man für die Zeit zwischen ausgelaufener Zinsbindung und Zuteilung ein erhebliches Zinsrisiko, obwohl man mit diesen Verträgen eigentlich ja genau dieses Zinsrisiko ausschließen wollte[39].

Ein weiteres großes Problem sehen die Verbraucherzentralen darin, dass diese Verträge meist sehr unflexibel sind. Vor allem bei vorzeitiger Tilgung lauere hier teils ein enormes Kostenrisiko. Vergleicht man Vorfälligkeitsentschädigungen bei diesen Verträgen mit denen für „normale“ Darlehen, so fallen diese fast immer höher aus, bei einer Untersuchung der Verbraucherzen-

38 „Effektivzins bei Immobilienkrediten – Vorsicht Falle“ Stiftung Warentest 09/2011
39 „Kombikredite der Bausparkassen – Gefährliche Lücke“ Finanztest 09/2016

tralen[40] war dies bei ca. 98% der betrachteten Fälle so. Dies liegt vor allem daran, dass im Gegensatz zu einem normalen Darlehen zuerst jahrelang lediglich Zinsen gezahlt werden und keine Tilgung des Darlehensbetrags erfolgt, während stattdessen in einen schlecht verzinsten Bausparvertrag eingezahlt wird. Der dadurch entstandene Nachteil kann auch schon mal mehrere tausend Euro kosten. In über der Hälfte der Fälle war die Vorfälligkeitsentschädigung mindestens 20%, bei 8% der Fälle sogar mindestens 50% höher und bei 3% der Fälle sogar mehr als doppelt so hoch wie bei einem vergleichbaren „normalen“ Darlehen. Es empfiehlt sich daher der Vergleich mit einem klassischen Volltilgerdarlehen der Banken. Diese bekommen Sie aktuell ebenfalls mit ähnlich niedrigen Zinsen und sehr langer Zinsbindung für bis zu 30 Jahre Laufzeit.

Solche Verträge sind also nur etwas für diejenigen unter den Häuslebauern, oder -käufern, die sehr großen Wert darauf legen, dem Zinsrisiko mit einiger Sicherheit aus dem Weg zu gehen. Die Verträge sind oft unflexibel, die Zinssicherheit teuer erkauft und ob die Rechnung später wirklich aufgeht ist ungewiss. Zudem besteht die Gefahr, dass Sie bei Zahlungsschwierigkeiten auf einer ziemlich hohen Restschuld sitzen bleiben, da gerade in der ersten Phase jahrelang überhaupt keine Tilgung erfolgt.

Chancen und Rendite

Der große Vorteil bei Bausparverträgen ist sicherlich das Anrecht auf ein, nicht nur mit Blick auf die Darlehenszinsen, günstiges Darlehen. Ein weiterer Pluspunkt ist die lange Zinsbindung, die bereits beim Abschluss im Vertrag fixiert wird.

Die Rendite des angesparten Vermögens ist beim Bausparen im Vergleich zu anderen Anlageformen eher mager und kann je nach Tarif mitunter auch negativ werden.

Eine kurze Übersicht geben die folgenden Tabellen[41]. Sie stellen die Situation nach Ablauf der Sperrfrist (7 Jahre) dar. Aus Gründen der Übersichtlichkeit wurde auf der Gebührenseite lediglich die Abschlussgebühr einberechnet, da diese bei allen Bausparverträgen relativ gleich ist. Weitere Kosten (Verwaltungsgebühren, Kundenzeitschriften, etc.) mindern die Rendite noch zusätzlich[42].

40 „Ende mit Schrecken – Vorfälligkeitsentschädigungen bei Immobilienkrediten“ vzbv-Publikation 09/2017
41 Eigene Berechnungen, ohne Gewähr
42 Siehe weiter unten

Bei 1% Abschlussgebühr								
	ohne staatl. Förderung		mit AspZ		mit WBP		mit AspZ und WBP	
Guthabenzins des Bausparvertrags	Rendite nach 7 Jahren	rechnerische jährliche Verzinsung	Rendite nach 7 Jahren	rechnerische jährliche Verzinsung	Rendite nach 7 Jahren	rechnerische jährliche Verzinsung	Rendite nach 7 Jahren	rechnerische jährliche Verzinsung
0,05%	-0,90%	-0,23%	8,10%	1,95%	9,10%	2,18%	8,69%	2,08%
0,10%	-0,82%	-0,21%	8,18%	1,13%	9,18%	2,20%	8,78%	2,10%
0,15%	-0,74%	-0,19%	8,26%	1,97%	9,26%	2,21%	8,86%	2,12%
0,20%	-0,65%	-0,16%	8,35%	2,00%	9,35%	2,23%	8,95%	2,14%
0,25%	-0,48%	-0,12%	8,52%	2,04%	9,52%	2,27%	9,11%	2,18%
0,50%	0,02%	0,00%	9,02%	2,16%	10,02%	2,39%	9,62%	2,30%
0,75%	0,44%	0,11%	9,44%	2,25%	10,44%	2,48%	10,04%	2,39%
1,00%	0,94%	0,23%	9,94%	2,37%	10,94%	2,60%	10,54%	2,50%
1,25%	1,36%	0,34%	10,36%	2,46%	11,36%	2,69%	10,96%	2,60%
1,50%	1,87%	0,46%	10,87%	2,58%	11,87%	2,80%	11,47%	2,71%
1,75%	2,29%	0,56%	11,29%	2,67%	12,29%	2,90%	11,89%	2,81%
2,00%	2,79%	0,69%	11,79%	2,79%	12,79%	3,01%	12,39%	2,92%
2,25%	3,21%	0,79%	12,21%	2,88%	13,21%	3,10%	12,81%	3,01%
2,50%	3,72%	0,91%	12,72%	2,99%	13,72%	3,21%	13,31%	3,12%
2,75%	4,14%	1,01%	13,14%	3,09%	14,14%	3,31%	13,73%	3,14%
3,00%	4,56%	1,11%	13,56%	3,18%	14,56%	3,40%	14,15%	3,31%

Beispielrechnung bei 1% Abschlussgebühr, ohne sonstige Gebühren, 50% angespart nach 7 Jahren
eigene Berechnungen, ohne Gewähr

Tabelle 1: Rendite des Bausparguthabens, Beispielrechnung I

Bei 1,6% Abschlussgebühr								
	ohne staatl. Förderung		mit AspZ		mit WBP		mit AspZ und WBP	
Guthabenzins des Bausparvertrags	Rendite nach 7 Jahren	rechnerische jährliche Verzinsung	Rendite nach 7 Jahren	rechnerische jährliche Verzinsung	Rendite nach 7 Jahren	rechnerische jährliche Verzinsung	Rendite nach 7 Jahren	rechnerische jährliche Verzinsung
0,05%	-1,49%	-0,38%	7,51%	1,81%	8,51%	2,04%	8,11%	1,95%
0,10%	-1,41%	-0,36%	7,59%	1,83%	8,59%	2,06%	8,19%	1,97%
0,15%	-1,32%	-0,33%	7,68%	1,85%	8,68%	2,08%	8,27%	1,99%
0,20%	-1,24%	-0,31%	7,76%	1,87%	8,76%	2,10%	8,36%	2,01%
0,25%	-1,07%	-0,27%	7,93%	1,91%	8,93%	2,14%	8,53%	2,05%
0,50%	-0,65%	-0,16%	8,35%	2,01%	9,35%	2,23%	8,95%	2,14%
0,75%	-0,15%	-0,04%	8,85%	2,12%	9,85%	2,35%	9,45%	2,26%
1,00%	0,36%	0,09%	9,36%	2,24%	10,36%	2,46%	9,95%	2,37%
1,25%	0,78%	0,19%	9,78%	2,33%	10,78%	2,56%	10,37%	2,47%
1,50%	1,28%	0,32%	10,28%	2,45%	11,28%	2,67%	10,88%	2,58%
1,75%	1,70%	0,42%	10,70%	2,54%	11,70%	2,77%	11,30%	2,68%
2,00%	2,12%	0,52%	11,12%	2,64%	12,12%	2,86%	11,72%	2,77%
2,25%	2,62%	0,65%	11,62%	2,75%	12,62%	2,97%	12,22%	2,88%
2,50%	3,04%	0,75%	12,04%	2,84%	13,04%	3,06%	12,64%	2,98%
2,75%	3,46%	0,85%	12,46%	2,94%	13,46%	3,16%	13,06%	3,07%
3,00%	3,88%	0,95%	12,88%	3,03%	13,88%	3,25%	13,48%	3,16%

Beispielrechnung bei 1,6% Abschlussgebühr, ohne sonstige Gebühren, 50% angespart nach 7 Jahren
eigene Berechnungen, ohne Gewähr

Tabelle 2: Rendite des Bausparguthabens, Beispielrechnung II

Mit staatlichen Zulagen kann sich Bausparen durchaus lohnen. Falls Sie keine Zulagen bekommen, kann die im Vergleich zu anderen Anlagen magere Rendite eventuell durch das günstige Bauspardarlehen aufgefangen werden. Grob gesagt sollte also das Geld, dass Sie im Gegensatz zu einer anderen Geldanlage beim Ansparen weniger erwirtschaften, durch die Ersparnis beim günstigen Darlehen wieder ausgeglichen werden. Die Darlehenskonditionen schreiben Sie bei Abschluss des Vertrages schon fest. Sie schließen also eine Absicherung gegen steigende Darlehenszinsen ab.

Aber auch wenn Sie noch einen weiteren, normalen Kredit benötigen, können Sie zusätzlich profitieren, da die Bausparkasse bei Eintragungen im Grundbuch als Sicherheit auch mit dem zweiten oder dritten Rang zufrieden ist. Das macht es leichter, größere Finanzierungen zu stemmen.

Falls Sie den Bausparvertrag als reinen Sparvertrag ohne Nutzung des Darlehens nutzen möchten, so können Sie mit den folgenden Tabellen die Renditen vergleichen. Auch diese Tabellen stellen die Situation nach Ablauf der Sperrfrist (7 Jahre) dar. Die Berücksichtigung der Kostenseite erfolgt analog zu den beiden vorherigen Tabellen. Bei Verzicht auf das Darlehen gewähren manche Bausparkassen einen zusätzlichen Bonus, meist in Form einer zusätzlichen Verzinsung zum Ende der Laufzeit.

Bei 1% Abschlussgebühr								
	ohne staatl. Förderung		mit AspZ		mit WBP		mit AspZ und WBP	
Guthabenzins des Bausparvertrags	Rendite nach 7 Jahren	rechnerische jährliche Verzinsung	Rendite nach 7 Jahren	rechnerische jährliche Verzinsung	Rendite nach 7 Jahren	rechnerische jährliche Verzinsung	Rendite nach 7 Jahren	rechnerische jährliche Verzinsung
0,05%	-0,80%	-0,20%	8,20%	1,97%	9,20%	2,20%	8,80%	2,11%
0,10%	-0,63%	-0,16%	8,37%	2,01%	9,37%	2,24%	8,97%	2,15%
0,15%	-0,38%	-0,10%	8,62%	2,07%	9,62%	2,30%	9,22%	2,20%
0,20%	-0,21%	-0,05%	8,79%	2,11%	9,79%	2,33%	9,39%	2,24%
0,25%	-0,04%	-0,01%	8,96%	2,14%	9,96%	2,37%	9,55%	2,28%
0,50%	0,96%	0,24%	9,96%	2,37%	10,96%	2,60%	10,56%	2,51%
0,75%	1,97%	0,49%	10,97%	2,60%	11,97%	2,83%	11,57%	2,74%
1,00%	2,90%	0,71%	11,90%	2,81%	12,90%	3,03%	12,49%	2,94%
1,25%	3,82%	0,94%	12,82%	3,02%	13,82%	3,24%	13,42%	3,15%
1,50%	4,74%	1,16%	13,74%	3,22%	14,74%	3,44%	14,34%	3,35%
1,75%	5,75%	1,40%	14,75%	3,44%	15,75%	3,66%	15,35%	3,57%
2,00%	6,59%	1,59%	15,59%	3,62%	16,59%	3,84%	16,19%	3,75%
2,25%	7,52%	1,81%	16,52%	3,82%	17,52%	4,04%	17,11%	3,95%
2,50%	8,44%	2,03%	17,44%	4,02%	18,44%	4,23%	18,04%	4,15%
2,75%	9,36%	2,24%	18,36%	4,21%	19,36%	4,43%	18,96%	4,34%
3,00%	10,20%	2,43%	19,20%	4,39%	20,20%	4,60%	19,80%	4,52%

Beispielrechnung bei 1% Abschlussgebühr, ohne sonstige Gebühren, voll bespart nach 7 Jahren
eigene Berechnungen, ohne Gewähr

Tabelle 3: Rendite des Bausparguthabens, Beispielrechnung III

Bei 1,6% Abschlussgebühr								
	ohne staatl. Förderung		mit AspZ		mit WBP		mit AspZ und WBP	
Guthabenzins des Bausparvertrags	Rendite nach 7 Jahren	rechnerische jährliche Verzinsung	Rendite nach 7 Jahren	rechnerische jährliche Verzinsung	Rendite nach 7 Jahren	rechnerische jährliche Verzinsung	Rendite nach 7 Jahren	rechnerische jährliche Verzinsung
0,05%	-1,39%	-0,35%	7,61%	1,83%	8,61%	2,06%	8,21%	1,97%
0,10%	-1,22%	-0,31%	7,78%	1,87%	8,78%	2,10%	8,38%	2,01%
0,15%	-0,97%	-0,24%	8,03%	1,93%	9,03%	2,16%	8,63%	2,07%
0,20%	-0,80%	-0,21%	8,20%	1,97%	9,20%	2,20%	8,80%	2,11%
0,25%	-0,63%	-0,16%	8,37%	2,01%	9,37%	2,24%	8,97%	2,15%
0,50%	0,38%	0,09%	9,38%	2,24%	10,38%	2,47%	9,97%	2,38%
0,75%	1,30%	0,32%	10,30%	2,45%	11,30%	2,68%	10,90%	2,59%
1,00%	2,31%	0,57%	11,31%	2,68%	12,31%	2,90%	11,91%	2,81%
1,25%	3,23%	0,79%	12,23%	2,88%	13,23%	3,11%	12,83%	3,02%
1,50%	4,16%	1,02%	13,16%	3,09%	14,16%	3,31%	13,75%	3,22%
1,75%	5,08%	1,24%	14,08%	3,30%	15,08%	3,51%	14,68%	3,42%
2,00%	6,00%	1,46%	15,00%	3,49%	16,00%	3,71%	15,60%	3,62%
2,25%	6,93%	1,68%	15,93%	3,70%	16,93%	3,91%	16,53%	3,83%
2,50%	7,77%	1,87%	16,77%	3,88%	17,77%	4,09%	17,37%	4,00%
2,75%	8,69%	2,08%	17,69%	4,07%	18,69%	4,29%	18,29%	4,20%
3,00%	9,53%	2,28%	18,53%	4,25%	19,53%	4,46%	19,13%	4,38%

Beispielrechnung bei 1,6% Abschlussgebühr, ohne sonstige Gebühren, voll bespart nach 7 Jahren
eigene Berechnungen, ohne Gewähr

Tabelle 4: Rendite des Bausparguthabens, Beispielrechnung IV

Ohne staatliche Förderung und/oder einen entsprechend hohen Zinsvorteil beim Bauspardarlehen, der den massiven Zinsnachteil und die hohen Kosten durch Abschlussgebühr und sonstige Gebühren in der Sparphase ausgleicht, macht ein Bausparvertrag wenig Sinn.

Kosten und Risiken

Die Kosten sind bei Bausparverträgen oft schwierig darzustellen und zu vergleichen. So sind manche Kosten einmalig, andere wiederkehrend. Manche sind Fixkosten, das heißt mit gleichbleibender Höhe, andere Kosten hingegen sind variabel. Daneben beziehen sich die einzelnen Kosten teils auch noch auf unterschiedliche Bezugsgrößen[43]. Auch der anzugebende Effektivzins ist hier teils irreführend, da er nicht alle Kosten des Bausparvertrages adäquat berücksichtigt. Das macht es für Laien sehr schwierig, zu berechnen, ob ein Bausparvertrag sich lohnt[44].

Abschlussgebühr

Bei der Abschlussgebühr handelt es sich um den größten Gebührenposten im Paket. Obwohl die Guthabenzinsen seit Jahren rückläufig waren und wir uns aktuell[45] in einer Niedrigzinsphase befinden, wurde die Abschlussgebühr in ihrer Höhe weitgehend von den Bausparkassen beibehalten. Zudem wird die Abschlussgebühr auf die komplette Bausparsumme gerechnet, während die Guthabenzinsen nur auf das aktuelle Bausparguthaben gerechnet werden. Dies wird gerne übersehen, hat aber gewichtige Auswirkungen auf die Rentabilität! Fatal ist, dass viele Anleger die bei der Abschlussgebühr und dem Guthabenzins angegebenen Prozentsätze als gleichwertig betrachten. Dies ist aber nicht so. So ist es bei dem aktuell niedrigen Zinsniveau oft nur schwer möglich, die Abschlussgebühr alleine mit Guthabenzinsen auszugleichen.

Zudem ist die Abschlussgebühr nicht über die Laufzeit verteilt, sondern direkt am Anfang des Vertrages fällig, das Konto startet also im Minus. Von der Erhebung von Sollzinsen sehen die meisten Anbieter zwar ab, aber bis überhaupt einmal Guthabenzinsen erwirtschaftet werden, muss trotzdem zuerst das durch die Abschlussgebühr verursachte Minus ausgeglichen werden.

---

43 So bezieht sich die Abschlussgebühr auf die komplette Bausparsumme, Zinsen beziehen sich aber jeweils nur auf Darlehensbeträge oder Guthaben (je nach Phase).

44 Einen guten Rechner zur Berechnung des Effektivzinses finden Sie unter: www.test.de/rechner-bauspardarlehen

45 Stand: 12/2020

Die Abschlussgebühr verschlechtert die Rentabilität von Bausparverträgen vor allem in der aktuellen Niedrigzinsphase enorm.

Es wird zwar oft der Eindruck vermittelt, die Abschlussgebühren seien von der BaFin im Sinne der Gleichberechtigung aller Bausparer vorgeschrieben, das ist aber nur die halbe Wahrheit. Falls Sie zum Beispiel selbst Mitarbeiter einer Bausparkasse oder einer kooperierenden Bank sind, müssen Sie oft gar keine Abschlussgebühr bezahlen. Als „normaler Kunde“ können Sie aber auch mit dem Vermittler über eine (teilweise) Erstattung der Abschlussgebühr verhandeln. Dies ist im Gegensatz zu landläufigen Meinungen zwar erlaubt[46], gelingt in der Realität aber nur sehr selten. Es gab aber dennoch zeitweise Vermittler, die Bausparverträge über das Internet vermittelt und einen Teil der Abschlussgebühr erstattet hatten. Über diesen Umweg ließ sich wenigstens ein Teil dieser Gebühren umgehen, bzw. vermeiden.

Falls Sie Wohnraum vermieten, können Sie die Abschlussgebühr eventuell von der Steuer absetzen. Hierzu empfiehlt es sich aber, einen Steuerberater zu Rate zu ziehen.

Die trotz Niedrigzinsphase in ihrer Höhe meist gleich gebliebene Abschlussgebühr beeinträchtigt bei niedrigen Guthabenzinsen sehr stark die Rendite. Die Abschlussgebühr wird bei Vertragsabschluss in voller Höhe fällig und wird im Normalfall (zum Beispiel bei Kündigung des Vertrages oder Verminderung der Bausparsumme) <u>nicht</u> erstattet! Als Vermieter können Sie die Abschlussgebühr in bestimmten Fällen von der Steuer absetzen.

Nebenkosten und weitere Gebühren

Manche Bausparkassen verlangen Kontoführungsgebühren. Ob und in welcher Höhe diese anfallen, ist von der jeweiligen Bausparkasse abhängig. Früher wurde beim Bausparkredit teils ein Disagio (also ein Abgeld, bzw. Abschlag) im Vertrag vereinbart. Das Disagio wird üblicherweise prozentual auf die Kreditsumme aufgeschlagen. Das heißt, Sie erhalten einen Betrag X, müssen aber bei der Rückzahlung den Betrag X+Disagio tilgen.

Manche Bausparkassen haben in der aktuellen Niedrigzinsphase eine Servicepauschale, (auch Service-Gebühr, Jahresentgelt, oder ähnlich genannt) eingeführt, die auch für bereits bestehende Altverträge gelten soll. Dies halten

46 Auslegungsentscheidung der BaFin BA 34-K 6389-2014/0001 vom 03.12.2014

einige Verbraucherschützer aber für unzulässig und raten im Einzelfall zum Widerspruch[47].

Bis vor einiger Zeit verlangten einige Bausparkassen auch Darlehensgebühren. Diese Praxis wurde vom BGH aber als unzulässig zurückgewiesen. Falls Sie diese Gebühr bereits gezahlt haben, besteht meist immer noch die Möglichkeit, diesen Betrag zurück zu fordern.

Teils verlangen Bausparkassen zudem auch noch Bereitstellungsgebühren für den Darlehensbetrag falls dieser nicht zeitnah ausgezahlt werden kann.

Es gibt bei Bausparverträgen auch durchaus noch andere Kosten, die ihre Guthabenzinsen auffressen[48]. Ein Klassiker sind zum Beispiel Abonnements für eine Kundenzeitschrift. Die Kosten pro Zeitschrift sind zwar für den Kunden gering, fressen in der aktuellen Niedrigzinsphase aber schon mal die Zinsen für ein paar tausend Euro und summieren sich über die Jahre hinweg zu einer ansehnlichen Summe. Falls Sie diese Kundenzeitschriften sowieso nicht lesen, stimmen Sie deren Bezug erst gar nicht zu, oder kündigen Sie dieses Abonnement. Das ist ganz einfach direkt bei der Bausparkasse möglich, hat keinen Nachteil für ihren Bausparvertrag und spart Ihnen unnötige Kosten. Zudem liegen die Zeitschriften meist auch in kooperierenden Banken aus und können dort kostenlos mitgenommen werden.

Effektivzins des Bauspardarlehens

Die Angabe des Effektivzinses gemäß Preisangabenverordnung soll eine bessere Vergleichbarkeit verschiedener Angebote ermöglichen. Dazu sollen alle Kosten, also auch Provisionen, Gebühren, Verrechnungsarten gemäß einer EU-weit gültigen Berechnungsformel zu einem Effektivzins zusammengefasst werden. So weit, so gut. Allerdings gibt es bei der Berechnung einige Fallstricke. Für die Berechnung des Effektivzinses bei Bauspardarlehen gelten aufgrund der Besonderheiten von Bausparverträgen nämlich Sonderregeln. So wird zum Beispiel die Abschlussgebühr nur teilweise eingerechnet, eine eventuell nötige Zwischenfinanzierung und Verluste in der Sparphase fließen meist überhaupt nicht in die Berechnung ein. Zudem liegt der Berechnung lediglich eine fiktive Darlehenshöhe zugrunde. Dies hat zur Folge, dass der wirkliche Darlehenszins später dann deutlich höher ausfallen kann, als

47 Achtung: Manche Bausparkassen behalten sich für den Fall eines Widerspruchs die Kündigung des Vertrages vor. Prüfen Sie ihren Vertrag dahingehend bevor Sie widersprechen und lassen Sie sich im Zweifel anwaltlich beraten oder gehen Sie zur Verbraucherzentrale.

48 Siehe unten die Tabelle im Kapitel „Banksparplan/Geldsparvertrag“

der angegebene Effektivzins vorher suggeriert hat[49]. Unter der Anwendung von Sonderregeln für Bauspardarlehen leidet auch die Vergleichbarkeit mit anderen Finanzierungen, denn dadurch können Bausparverträge im Vergleich zu normalen Immobiliendarlehen teils besser da stehen, als sie dann später tatsächlich sind.

Risiko

Das Verlustrisiko ist beim Bausparen äußerst gering. Die Einlagen bei privaten Bausparkassen sind in Deutschland gesetzlich bis zu 100.000,-€ abgesichert.

Risiken birgt die zukünftige Zinsentwicklung. Da alle Zinssätze bereits bei Vertragsschluss festgeschrieben werden, können diese später nicht mehr verändert werden. Das kann aufgrund der langen Laufzeiten der Verträge zu einem Problem werden. Ob diese Rechnung nämlich später bei der Zuteilung aufgeht und der vereinbarten Zinssatz dann auch wirklich günstiger, als die Zinssätze am Markt ist, kann bei Vertragsschluss niemand wirklich vorhersagen, es handelt sich also um eine Wette auf die zukünftige Entwicklung.

Probleme bereitet auch die mangelnde Flexibilität von Bausparverträgen. Für Änderungen benötigen Sie meist die Zustimmung der Bausparkasse. So können die Bausparkassen Zahlungen, die über den im Vertrag genannten Regelsparbeitrag hinausgehen, ablehnen und andererseits die Nachzahlung fehlender Beträge, sogar noch für längere Zeiträume nachfordern.

Ein weiteres Risiko stellt der ungewisse Zuteilungszeitpunkt dar. Diesen darf die Bausparkasse nicht fest zusagen. Verschiebt er sich nach hinten und Sie benötigen das Geld dringend, müssen Sie eventuell eine teure Zwischenfinanzierung in Anspruch nehmen.

Zudem gab es in den letzten Jahren immer wieder Versuche der Bausparkassen, Kunden mit günstigen Altverträgen loszuwerden[50].

Staatliche Förderung

Beim Bausparen sind zwei staatliche Förderungen möglich: Die Arbeitnehmersparzulage und die Wohnungsbauprämie.

49 „Effektivzins bei Immobilienkrediten – Vorsicht Falle" Stiftung Warentest 09/2011
50 „Alte Bausparverträge – Neue Tricks der Bausparkassen" Finanztest 08/2016

Arbeitnehmersparzulage

Die Arbeitnehmersparzulage wird in Höhe von 9% der eingezahlten vermögenswirksamen Leistungen eines Kalenderjahres gewährt. Dabei gilt eine Obergrenze von 470,-€ (bzw. 940,-€ bei 2 verheirateten Berechtigten) für die Berechnung. Der Anspruch wird hierbei auf volle Euro aufgerundet. Das heißt, man kann jährlich maximal 43,-€ (bzw. 86,-€) Arbeitnehmersparzulage erhalten. Nach der Sperrfrist werden die Beträge dann dem Bausparkonto gutgeschrieben. Zusätzlich gelten Einkommensgrenzen für das zu versteuernde Einkommen. Diese liegen bei 17.900,-€ für Ledige und 35.800,-€ für verheiratete Personen. Das hört sich im ersten Moment sehr gering an, das maßgebliche Einkommen kann aber durch abzugsfähige Kosten und Freibeträge stark von dem Bruttoeinkommen abweichen. Beantragt wird die Arbeitnehmersparzulage über die Einkommenssteuererklärung.

Wohnungsbauprämie

Die Wohnungsbauprämie beträgt ab 2021 10% der eingezahlten vermögenswirksamen Leistungen, die nicht schon für die Arbeitnehmersparzulage herangezogen wurden. Hier gilt eine Unter-, sowie eine Obergrenze. Mindestens müssen Sie 50,-€ pro Jahr vermögenswirksame Leistungen in den Vertrag einzahlen um die Wohnungsbauprämie zu erhalten[51]. Berücksichtigt werden aber auch Guthabenzinsen in der Ansparphase, sowie vermögenswirksame Leistungen, für die kein Anrecht auf Arbeitnehmersparzulage besteht, aber auch die ausgezahlten Beträge der Arbeitnehmersparzulage. Maximal gefördert werden 700,-€ (Ledige) und 1.400,-€ (verheiratete Paare). Dementsprechend bekäme man bis zu 70,-€ (bzw. bis zu 140,-€) Prämie pro Jahr. Die Einkommensgrenzen liegen hier höher als bei der Arbeitnehmersparzulage. So liegt das Limit hier bei 35.000,-€ für Ledige und 70.000,-€ für verheiratete Personen. Auch sind wieder Freibeträge, sowie abzugsfähige Kosten zu berücksichtigen, so dass man hier auch durchaus mehr verdienen kann, ohne die Förderung zu verlieren. Die Wohnungsbauprämie beantragen Sie direkt bei der Bausparkasse.

51 Falls Sie keinen Anspruch auf die Arbeitnehmersparzulage haben, oder diese nicht beantragen reichen dann auch schon 50,-€ pro Jahr.

Fazit

Wie Sie am Umfang der Vorstellung dieser Anlageform leicht erkennen können, handelt es sich beim Bausparen um ein sehr komplexes Produkt mit sehr vielen Besonderheiten, die dem Laien eine genaue Planung schwierig machen können. Bausparen ist etwas für Sie, wenn Sie das Darlehen in Anspruch nehmen möchten, das Geld in Wohnimmobilien stecken und Anspruch auf die staatliche Förderung haben.

Die für den Laien nicht immer leicht verständlichen Berechnungsgrundlagen und Gebührenstrukturen, aktuell[52] niedrige Guthabenzinsen, die Bindung der Förderung an die „Verwendung für wohnwirtschaftliche Zwecke" und ungewisse Zuteilungszeitpunkte machen Bausparverträge für den klassischen VL-Anleger, der lediglich Geld anlegen möchte und keine Investitionen in Wohnraum plant, uninteressant.

Die Vergleichbarkeit von Bausparverträgen untereinander ist aufgrund der Komplexität der Tarife nur eingeschränkt möglich. Noch schwieriger ist der Vergleich mit „normalen" Hypothekenkrediten, denn erstens sind Bausparverträge anders gestrickt und zweitens liegen den angegebenen Effektivzinsen unterschiedliche Berechnungsweisen zugrunde, so dass leicht Äpfel mit Birnen verwechselt werden können.

Interessant ist Bausparen in den folgenden Fällen:

✔ **Wenn Sie den zinsgünstigen Kredit brauchen**

Der Vorteil beim Bausparen ist die Chance auf einen zinsgünstigen Kredit. Falls Sie diesen für ihre Investition in die eigenen vier Wände unbedingt benötigen und ansonsten nur schwer an einen solchen Kredit kommen würden, ist ein Bausparvertrag eine gute Finanzierungsmöglichkeit. Aber auch wenn Sie zusätzlich noch einen „normalen" Kredit benötigen, können Sie trotzdem vom Bausparen profitieren, denn die Bausparkasse räumt den anderen Kreditgebern einen Vorrang bei der Absicherung im Grundbuch ein. Das macht es leichter, zusätzlich an einen normalen Kredit zu kommen.

52 Stand 03/2021

✔ **Bei Anspruch auf staatliche Förderung**

Dies ist der Fall, falls Sie bei Vertragsabschluss nicht älter als 25 Jahre sind und es sich um ihren ersten Bausparvertrag handelt, oder falls Sie den Kauf, Umbau, oder Renovierung von Wohnraum planen. Dabei ist unerheblich, ob der Wohnraum selbst genutzt, oder vermietet wird. Wenn Sie dann noch unter der Höchstgrenze des maßgeblich zu versteuernden Einkommens liegen, können Sie von den attraktiven Zulagen profitieren. Bei Kauf, Umbau, oder Renovierung sollten Sie aber nicht auf feste Zeitpunkte angewiesen sein. Der Zeitpunkt der Zuteilung ist ungewiss und kann daher eventuell teure Zwischenfinanzierungen nötig machen.

✔ **Bei absetzbarer Abschlussgebühr**

Steuervorteile genießen Sie, falls Sie Wohneigentum vermieten und die Gebühren steuerlich absetzen können. Fragen Sie dazu aber ihren Steuerberater

✔ **Bei geringerer, bzw. ohne Abschlussgebühr**

Der größte Kostenbrocken bei Bausparverträgen ist die Abschlussgebühr. Wenn Sie die Möglichkeit haben, die Abschlussgebühr zu verringern oder zum Beispiel als Mitarbeiter einer Bank, bzw. Bausparkasse nur eine verringerte, bzw. gar keine Abschlussgebühr zahlen müssen, kann ein Bausparvertrag auch in der Niedrigzinsphase interessant sein.

Uninteressant ist Bausparen hingegen in den folgenden Fällen:

✗ **Wenn Sie noch nicht sicher sind, was Sie mit dem Geld machen möchten**

Bausparen ist ein kompliziertes und relativ unflexibles Produkt, dass zudem oft nur rentabel ist, wenn Sie Anrecht auf die staatliche Förderung haben. Diese erhalten sie aber nur für „wohnwirtschaftliche Verwendungen“. Haben Sie später eventuell andere Pläne, so können sie die Förderung verlieren und sogar Verluste machen.

✗ **Als reine Geldanlage ohne Anspruch auf staatliche Förderung**

In diesem Fall lohnt sich ein Bausparvertrag sehr selten. Sie bekommen nur wenige Zinsen, haben mit hohen fixen und variablen Gebühren zu kämpfen, weshalb Sie bei reiner Geldanlage aktuell meist sogar Verluste machen. Zudem sind Sie recht unflexibel. Der Zinssatz kann im Nachhinein meist nicht mehr geändert werden. Um im Vergleich zu anderen Anlageformen attraktiv zu werden, müssten die Guthabenzinsen gegenüber dem heutigen Niveau stark steigen und zudem die Kosten (vor allem die Abschlussgebühr) stark sinken. Beides ist in naher Zukunft nicht zu erwarten.

✗ **Bei zu geringen Einzahlungen**

Bausparverträge werden meist nur mit bestimmten Mindestbausparsummen angeboten (meist 5.000€ – 10.000€). Wenn Sie das Mindestbausparguthaben für die Zuteilung (meist 40-50% der Bausparsumme) erst in mehreren Jahrzehnten erreichen können, macht ein Bausparvertrag wenig Sinn. Zudem ist eine sehr lange Laufzeit nachteilig für die Gesamtrendite, denn die Zulagen stellen keine jährliche Verzinsungen, sondern lediglich Einmalzahlungen dar. Der Renditeeffekt dieser Zulagen nimmt also von Jahr zu Jahr ab, so dass die Gesamtrendite mit der Laufzeit immer stärker sinkt.

✗ **Bei günstigeren oder flexibleren Alternativen zur Finanzierung**

Man sollte Bausparen mit anderen Kombinationen zur Finanzierung vergleichen. So ist neben der mageren Guthabenverzinsung (falls Sie keine staatliche Förderung bekommen) auch die Ungewissheit des Zuteilungszeitpunkts in manchen Fällen recht problematisch. Hier gibt es flexiblere oder günstigere Möglichkeiten. Denkbar wäre zum Beispiel ein Banksparplan in Verbindung mit einem Darlehen. Es gibt aber auch zinsgünstige Förderprogramme der staatlichen KfW-Bank[53] und der Förderbanken der Bundesländer. Ein Vergleich lohnt sich.

53 Kreditanstalt für Wiederaufbau, www.kfw.de

Tilgung eines Baudarlehens

Ein Baudarlehen mit vermögenswirksamen Leistungen zusätzlich zu tilgen ist eine der lukrativsten und zugleich sichersten Anlagemöglichkeiten für ihre vermögenswirksamen Leistungen.

Zum Einen können Sie dafür zusätzlich noch staatliche Förderung erhalten. Zum Anderen mindern Sie mit diesen Zahlungen, die zusätzlich zu ihren Darlehensraten zur Tilgung beitragen, die Rückzahldauer und somit auch die Zinsbelastung.

Um vermögenswirksame Leistungen zur Erhöhung der Tilgung von Baudarlehen zu nutzen, ist allerdings die Zustimmung des Darlehensgebers nötig. Bei Bausparkassen ist dies generell eher kein Problem. Bei normalen Geschäftsbanken müssen Sie dies aber abklären. Manche Anbieter lassen zwar vermögenswirksame Leistungen als Tilgung zu, reduzieren dafür aber auch die Raten entsprechend, so dass die Tilgung insgesamt gleich bleibt.

Für den Fall, dass der Darlehensgeber keine Einzahlung vermögenswirksamer Leistungen akzeptiert, können Sie aber auch alternativ den Darlehensvertrag, oder einen anderen Nachweis für die Tilgungszahlungen beim Arbeitgeber vorlegen und sich mit dessen Zustimmung[54] die vermögenswirksamen Leistungen direkt auszahlen lassen.

54 Achtung: Für diese Variante benötigen Sie zwingend die Zustimmung ihres Arbeitgebers.

Chancen und Rendite

Die Chancen und die Rendite liegen hier klar auf der Hand und machen diese Anlageform auch so interessant. Sie bekommen ihr Darlehen schneller abbezahlt. Dadurch wird auch der Zinsanteil an den Darlehensraten kleiner und somit der Tilgungsanteil größer. Ein weiterer Vorteil ist, dass Sie bei der Tilgung eines Baudarlehens keine Sperrfristen oder Mindestanlagezeiten zu beachten haben.

Die Rendite dieser Anlageform setzt sich aus den Zulagen, sowie den eingesparten Zinsen zusammen. Die vermögenswirksamen Leistungen verzinsen sich also zuerst einmal in Höhe des laufenden Darlehenszinses, denn die Rendite entspricht erst einmal den gesparten Zinsen für die eingezahlten Beträge. Kommt dann noch die Arbeitnehmersparzulage hinzu, so steigt die Rendite zusätzlich, wie Sie der folgenden Tabelle entnehmen können.

	Darlehenszinsen									
	1,0%					2,0%				
	ohne AspZ		mit AspZ			ohne AspZ		mit AspZ		
Monatliche VL-Zahlungen	Jährliche Rendite [%]	Jährliche Rendite [€]	AspZ	Jährliche Rendite [%]	Jährliche Rendite [€]	Jährliche Rendite [%]	Jährliche Rendite [€]	AspZ	Jährliche Rendite [%]	Jährliche Rendite [€]
6,65 €	1,00%	0,80 €	8,00 €	11,03%	8,80 €	2,00%	1,60 €	8,00 €	12,03%	9,60 €
10,00 €	1,00%	1,20 €	11,00 €	10,17%	12,20 €	2,00%	2,40 €	11,00 €	11,17%	13,40 €
20,00 €	1,00%	2,40 €	22,00 €	10,17%	24,40 €	2,00%	4,80 €	22,00 €	11,17%	26,80 €
30,00 €	1,00%	3,60 €	33,00 €	10,17%	36,60 €	2,00%	7,20 €	33,00 €	11,17%	40,20 €
40,00 €	1,00%	4,80 €	43,00 €	9,96%	47,80 €	2,00%	9,60 €	43,00 €	10,96%	52,60 €

	Darlehenszinsen									
	3,0%					4,0%				
	ohne AspZ		mit AspZ			ohne AspZ		mit AspZ		
Monatliche VL-Zahlungen	Jährliche Rendite [%]	Jährliche Rendite [€]	AspZ	Rendite [%]	Rendite [€]	Rendite [%]	Rendite [€]	AspZ	Rendite [%]	Rendite [€]
6,65 €	3,00%	2,39 €	8,00 €	13,03%	10,39 €	4,00%	3,19 €	8,00 €	14,03%	11,19 €
10,00 €	3,00%	3,60 €	11,00 €	12,17%	14,60 €	4,00%	4,80 €	11,00 €	13,17%	15,80 €
20,00 €	3,00%	7,20 €	22,00 €	12,17%	29,20 €	4,00%	9,60 €	22,00 €	13,17%	31,60 €
30,00 €	3,00%	10,80 €	33,00 €	12,17%	43,80 €	4,00%	14,40 €	33,00 €	13,17%	47,40 €
40,00 €	3,00%	14,40 €	43,00 €	11,96%	57,40 €	4,00%	19,20 €	43,00 €	12,96%	62,20 €

	Darlehenszinsen									
	5,0%					6,0%				
	ohne AspZ		mit AspZ			ohne AspZ		mit AspZ		
Monatliche VwL-Zahlungen	Jährliche Rendite [%]	Jährliche Rendite [€]	AspZ	Jährliche Rendite [%]	Jährliche Rendite [€]	Jährliche Rendite [%]	Jährliche Rendite [€]	AspZ	Jährliche Rendite [%]	Jährliche Rendite [€]
6,65 €	5,00%	3,99 €	8,00 €	15,03%	11,99 €	6,00%	4,79 €	8,00 €	16,03%	12,79 €
10,00 €	5,00%	6,00 €	11,00 €	14,17%	17,00 €	6,00%	7,20 €	11,00 €	15,17%	18,20 €
20,00 €	5,00%	12,00 €	22,00 €	14,17%	34,00 €	6,00%	14,40 €	22,00 €	15,17%	36,40 €
30,00 €	5,00%	18,00 €	33,00 €	14,17%	51,00 €	6,00%	21,60 €	33,00 €	15,17%	54,60 €
40,00 €	5,00%	24,00 €	43,00 €	13,96%	67,00 €	6,00%	28,80 €	43,00 €	14,96%	71,80 €

eigene Berechnungen, ohne Gewähr

Tabelle 5: Jährliche Rendite bei Tilgung eines Baudarlehens

Kosten und Risiken

Die Risiken dieser Anlage sind minimal. Da Sie kein Vermögen aufbauen, sondern eine Darlehensschuld abtragen, können ihre vermögenswirksamen Leistungen im Normalfall auch nicht wie anderes Vermögen verloren gehen.

Eventuell kann der Darlehensgeber eine Vorfälligkeitsentschädigung verlangen, falls die vereinbarte Mindestdauer der Darlehensrückzahlung unterschritten oder eine vereinbarte jährliche Rückzahlungssumme überschritten wird. Dies sollten Sie mit dem Darlehensgeber vorab abklären.

Staatliche Förderung

Bei der Tilgung eines Baudarlehens besteht die Möglichkeit, die Arbeitnehmersparzulage erhalten.

Arbeitnehmersparzulage

Die Arbeitnehmersparzulage wird hierbei in Höhe von 9% der eingezahlten vermögenswirksamen Leistungen eines Kalenderjahres gewährt. Dabei gilt eine Obergrenze von 470,-€ (bzw. 940,-€ bei verheirateten Arbeitnehmern) für die Berechnung. Das heißt, man kann jährlich maximal 43,-€ (bzw. 86,-€) Arbeitnehmersparzulage erhalten. Zusätzlich gelten Einkommensgrenzen für das zu versteuernde Einkommen. Diese liegen bei 17.900,-€ für Ledige und 35.800,-€ für verheiratete Paare. Das hört sich im ersten Moment wenig an, das maßgebliche Einkommen kann aber durch abzugsfähige Kosten und Freibeträge stark von dem Bruttoeinkommen abweichen. Gebunden ist die Arbeitnehmersparzulage zwar wieder an die **„wohnwirtschaftliche Verwendung“**[55] des Darlehens, das stellt bei der Tilgung eines Baudarlehens für die eigenen vier Wände aber kein Problem dar, da die vermögenswirksamen Leistungen ja unmittelbar genau diesem Zweck zugeführt werden.

Fazit

Die Tilgung eines Baudarlehens ist eine der lukrativsten Verwendungsmöglichkeiten für vermögenswirksame Leistungen. Ob man diese Möglichkeit nutzen kann, hängt unter anderem von der Zustimmung der Bank ab, bei der das Darlehen genommen wurde. Bei Bausparkassen ist das allerdings kein Problem. Bei Bausparkassen empfiehlt es sich meist auch, vermögenswirksame Leistungen zuerst in die Tilgung des Darlehens einfließen zu lassen, bevor man den Abschluss eines neuen Bausparvertrags in Betracht zieht. Der Ertrag durch die Darlehenszinsen, die man sich spart sind meist lukrativer als die Erträge, die ein neuer Bausparvertrag bringen würde.

55 Siehe oben, im Kapitel „Bausparen“

Interessant ist die Tilgung von Baudarlehen in den folgenden Fällen:

✔ **Wenn man die Rückzahlung des Darlehens beschleunigen will und Zinsen sparen will**

Die vermögenswirksamen Leistungen werden zusätzlich zu den Kreditraten eingezahlt und erhöhen dadurch die monatlichen Zahlungen. Durch die schnellere Rückzahlungen vermindert sich auch die Zinsbelastung.

✔ **Bei Anspruch auf staatliche Förderung**

Das ist der Fall, falls ihr zu versteuerndes Einkommen unter 17.900,-€ für Ledige, bzw. unter 35.800,-€ für verheiratete Paare beträgt und das Darlehen wohnwirtschaftlich genutzt werden soll. In diesem Fall können Sie die Arbeitnehmersparzulage beantragen. Diese mindert dann zusätzlich auch noch die Restschuld, sowie die Zinsbelastung.

Uninteressant ist die Tilgung von Baudarlehen im folgenden Fall:

✗ **Wenn man knapp über der Einkommensgrenze der Arbeitnehmersparzulage für die Darlehenstilgung verdient und bereit ist für eine höhere Renditechance ein Risiko einzugehen**

Die hohe Rendite bei der Tilgung eines Bauspardarlehens ist zusammen mit der hohen Sicherheit dieser Anlageform eigentlich schon fast unschlagbar. Generell ist es auch immer sinnvoll zuerst Schulden abzubauen, bevor man Guthaben aufbaut. Das liegt schlicht daran, dass man für Schulden meist mehr zahlen muss, als man an einem gleich hohen Guthaben verdient[56]. Wenn der Verdienst nun aber zwischen den Einkommensgrenzen für die Arbeitnehmersparzulage der Darlehenstilgung und der von Wertpapieren (zum Beispiel Fondssparen), sowie Beteiligungen (zum Beispiel beim Arbeitgeber) liegt, so kann man auch auf solche Anlagearten wechseln, wenn man sich davon eine höhere Rendite verspricht. Dies ist aber nur zu empfehlen, wenn man sich des mit diesen Anlageformen verbundenen Risikos bewusst ist und auch bereit ist Verluste auszusitzen oder hinzunehmen. Rechnen Sie aber nach, bevor Sie sich umentscheiden!

---

56 Daher möchte ich Ihnen nicht nur als Ökonom dringend empfehlen, möglichst schuldenfrei durch's Leben zu gehen. Das schont nicht nur die Nerven, sondern auch den Geldbeutel.

Fondssparplan

Ein Fondssparplan ist, wie der Name bereits vermuten lässt, ein Sparplan, bei dem Sie die vermögenswirksamen Leistungen in Aktienfonds anlegen. Für die Anlage vermögenswirksamer Leistungen finden Sie meist günstigere Angebote, als für normale Fondssparpläne. Ein weiterer Vorteil ist die recht üppige staatliche Förderung, die ihr Risiko deutlich vermindert und die Renditechancen noch deutlich verbessert.

Aus diesen Gründen ist Fondssparen mit vermögenswirksamen Leistungen auch für Geringverdiener ein guter Einstieg in die Welt der Aktien. Die Einzahlungen laufen bei Fondssparplänen sechs Jahre, danach ruhen sie bis Jahresende. Anschließend können Sie frei darüber verfügen.

Besonderheiten beim Fondssparen

Auch beim Fondssparen gibt es einige Besonderheiten, die ihre Aufmerksamkeit verdienen. Wenn Sie breit streuen, haben die Kosten den größten Einfluss auf den Erfolg ihrer Anlage. Halten Sie diese daher so niedrig wie möglich. Günstig VL-Verträge finden Sie bei freien Fondsvermittlern im Internet. Über diese Anbieter können Sie meist auch das benötigte VL-Depot online eröffnen. Die Verifizierung erfolgt hierbei per Postident-Verfahren oder Videochat. Beim Fondssparen können Sie nach der Sperrfrist zwar frei über ihre Fonds und die Zulagen verfügen, allerdings sollte man sich keinen festen Ausstiegstermin setzen und Krisen zur Not auch aussitzen können.

Anlagezeitraum/Sperrfrist

Beim Fondssparen zahlen Sie 6 Jahre ein und lassen den Vertrag dann bis zum nächsten Jahreswechsel ruhen[57]. Maßgeblich für den Beginn der Sperrfrist ist die erste Einzahlung in den Vertrag. Nach Ablauf der Sperrfrist werden die staatlichen Förderungen ausbezahlt und Sie können frei über das Fondsvermögen verfügen, eine Zweckbindung wie beim Bausparen oder beim Baukredit gibt es hier nicht.

Ein großer Vorteil dieser Anlageform ist zudem, dass Sie nach der Sperrfrist nicht unbedingt gezwungen sind, ihre Fondsanteile zu verkaufen, sondern ihre Fonds flexibel nutzen können. Sie können diese ganz oder teilweise verkaufen, im Depot lassen, oder in andere Depots übertragen. Ist zum Beispiel der Kurs nach Ablauf der Sperrfrist im Keller und Sie möchten auf günstigere Kurse warten, so ist dies normalerweise kein Problem. Das macht Sie von ungünstigen Marktbedingungen weitgehend unabhängig.

In Ausnahmefällen[58] kann auch vorher über die angelegten Beträge verfügt werden. Dies betrifft beispielsweise die dauerhafte Arbeitslosigkeit oder den Tod des Anlegers, oder seines nicht dauerhaft getrennt lebenden Ehepartners. Ein weiterer möglicher Ausnahmefall wäre auch, wenn Sie den Betrag innerhalb von drei Monaten für die eigene Berufsausbildung, oder -weiterbildung aufwenden. Des weiteren ist eine Umschichtung (siehe weiter unten) unschädlich.

All-Inclusive oder Einzelkämpfer

Je nachdem, ob Sie sich selbst um alles kümmern, oder ob Sie Fondssparen aus einer Hand (zum Beispiel bei ihrer Hausbank) haben wollen, haben Sie es nur mit einem oder mit mehreren Akteuren zu tun.

All-Inclusive-Variante

Fangen wir mit der unkompliziertesten Variante an: Sie gehen zu ihrer Hausbank und lassen sich von einem Bankmitarbeiter[59] verschiedene Fonds vorstellen und lassen dann bei Gefallen einen entsprechenden Vertrag erstellen. Mit dem gehen Sie zu ihrem Arbeitgeber und geben diesen dort ab.

---

57 §4 Abs. 2, 5. VermBG

58 §4 Abs. 4, 5. VermBG

59 Ich möchte hier nicht den Begriff „Berater“ nutzen, da es sich ja um einen Geschäftspartner und nicht um einen Berater im engeren Sinn handelt. Der Begriff „Berater“ erzeugt in meinen Augen einen falschen Eindruck.

Vorteil: Unkomplizierte Variante, die Bank kümmert sich um alles, Sie müssen lediglich einen Termin finden, einen passenden Fond aussuchen und den Vertrag beim Arbeitgeber einreichen.

Nachteil: Diese Variante verursacht vergleichsweise hohe Kosten, bei Hausbanken fallen oft höhere Kosten für das Depot, sowie Transaktionskosten (Kauf oder Verkauf der Anteile), etc. an. Das alles nagt natürlich vor allem an ihrer Rendite. Zudem werden Ihnen hier meist nur die eigenen Produkte, bzw. die Produkte der zum Finanzverbund gehörenden Anbieter verkauft. Ein weiterer Nachteil ist, dass hier meist keine oder nur wenige kostengünstige ETF zu bekommen sind. Oft werden nur aktiv gemanagte Fonds mit entsprechend höheren Kosten als bei den passiven Varianten verkauft, was dann auch wieder zu Lasten der Rendite geht.

Einzelkämpfer-Variante

Diese Variante erfordert mehr Eigenleistung von Ihnen als die All-Inclusive-Version. Allerdings hält sich dieser Aufwand mittlerweile wirklich in Grenzen. Die Anbieter haben die entsprechenden Webseiten inzwischen recht übersichtlich gestaltet und Sie können alles selbst online ohne Besuch bei der Bank erledigen.

So gehen Sie in drei Schritten vor:

1. Suchen Sie sich einen passenden Fonds aus. Achten Sie dabei besonders auch auf niedrige Kosten und eine möglichst breite Streuung der enthaltenen Aktien. Bei vielen Fondsvermittlern im Internet haben Sie im Vergleich zur Hausbank sehr geringe oder oft auch gar keine Ausgabeaufschläge. Eine möglichst breite Streuung mindert das Risiko schwerer Verluste.
2. Schauen Sie nach, welche Depotbanken ein VL-Depot mit ihrem gewünschten Fonds anbieten. Achten Sie dabei aber auch auf möglichst geringe Kosten. Hier können Sie im Vergleich zu ihrer Hausbank meist einiges an Kosten sparen. Einige Online-Depotbanken bieten ein VL-Depot für sehr geringe Gebühren an.
3. Schließen Sie einen entsprechenden VL-Fondssparplan ab und reichen Sie die nötigen Unterlagen bei ihrem Arbeitgeber ein.

Vorteil: Sie sind unabhängig von ihrer Hausbank. Durch geringere Kosten können Sie automatisch auch ihre Rendite erhöhen. Zudem haben Sie auf dem freien Markt eine größere Auswahl an möglichen Fonds.

Nachteil: Sie müssen sich selbst um alles kümmern. Das Angebot an Fonds ist teils ziemlich unüberschaubar. Sie müssen sich selbst einen Überblick über die Fonds verschaffen, sich informieren und passende Anbieter finden. Das alles kann Zeit und Nerven kosten.

Fondsarten

Es gibt nicht die eine Sorte Aktienfonds, auch wenn das oft geglaubt wird. Die verschiedenen Varianten unterscheiden sich in ihren Anlagezielen, in der Art ihrer Anlagen, im Management, sowie in der Verwaltungs- und Kostenstruktur. Da alle diese Variablen Einfluss auf das eingegangene Risiko, sowie die Rendite haben können, möchte ich einige Fondsarten kurz vorstellen.

Fondsarten nach Anlageklassen

Neben der Unterscheidung aktives/passives Management kann man Fonds auch nach den Anlageklassen, in die das Fondsvermögen investiert wird unterscheiden. Aktienfonds legen das Vermögen überwiegend in Aktien und ähnlichen Wertpapieren an. Rentenfonds arbeiten hauptsächlich mit Anleihen und Immobilienfonds konzentrieren sich auf die Anlage in Immobilien. Mischfonds bilden eine Mischung aus den oben genannten Anlageklassen ab.

Die detaillierte Beschreibung all dieser Varianten würde aber den Rahmen dieses Buches sprengen. Der Gesetzgeber schränkt ihre Auswahlmöglichkeiten diesbezüglich sowieso bereits vorab ein, denn vermögenswirksame Leistungen dürfen nur in Fonds investiert werden, die überwiegend in Aktien investieren. Daher können Sie über einen VL-Fondssparplan sowieso meist nur Aktienfonds besparen.

Passive vs. aktiv gemanagte Fonds

Man kann die Fondsarten zudem danach unterscheiden, ob es sich um passive oder aktiv gemanagte Fonds handelt.

Aktiv gemanagte Fonds

Aktiv gemanagte Fonds haben ein Management, dass bestimmte Märkte, Branchen und/oder Technologiezweige beobachtet, bewertet und dann mit diesen Wertpapieren handelt. Sie stellen also mit dem Fondsvermögen ein aus Sicht des Fondsmanagements vielversprechendes Aktienportfolio zusammen und versuchen mit der im Fondsprospekt angegebenen Anlagestrategie eine möglichst hohe Rendite zu erwirtschaften.

Befürworter aktiv gemanagter Fonds argumentieren, dass mit aktivem Fondsmanagement adäquat auf Krisen reagiert werden könne, während Kritiker genau dies bezweifeln. Sie geben zu bedenken, dass es unmöglich ist, ständig den richtigen Zeitpunkt für den Kauf oder Verkauf von Wertpapieren zu finden, oder den Markt richtig vorherzusagen. Daher sind auch Fehlentscheidungen möglich, die zu teils kräftigen Renditeeinbußen führen können.

Durch das aktive Management haben diese Fonds aber auch relativ hohe laufende Kosten. Zum Einen steigen die Verwaltungskosten durch den höheren Aufwand, denn das aktive Management muss zum Beispiel ständig Informationen sammeln und auswerten, um die Situation zu beurteilen. Zum anderen steigen durch häufiges Umschichten des Portfolios natürlich auch die Transaktionskosten des Fonds.

Eine besondere Variante aktiv gemanagter Fonds bilden die Dachfonds. Hierbei handelt es sich um Fonds, die nicht selbst in Aktien oder andere Anlageklassen, sondern stattdessen in andere Fonds investieren. Dadurch soll eine größere Streuung und somit eine größere Sicherheit bei gleichzeitig hoher Rendite erzielt werden können. Allerdings stellt sich hier die berechtigte Frage, warum dies so sein soll, denn immerhin gibt es ja auch bereits Fonds mit sehr breiter Diversifikation. Häufig wird argumentiert, dass die Manager von Dachfonds ja auch unter den Fonds die Besten identifizieren könnten und das Geld dann dort anlegen könnten. Allerdings stellt sich hier die Frage, wie Ihnen diese Identifikation gelingen sollte und ob Sie damit die durch ihr Management verursachten Zusatzkosten auch wieder erwirtschaften können, denn auch wenn der Erfolg ihres Managements nicht sicher ist, so ist immerhin eines sicher: Das zusätzliche Management kostet zusätzlich Geld. Aus diesen Gründen sind Dachfonds durchaus umstritten. Die Kritiker sehen hier lediglich zusätzliche Verwaltungskosten zu Lasten der Rendite der Anleger.

Passive Fonds – ETFs

Bei den passiven Fonds handelt es sich um Fonds, bei denen sich das Management hauptsächlich darauf beschränkt, mit den Einzahlungen der Anleger einen bestimmten Index abzubilden. Dies geschieht entweder durch den An- und Verkauf von darin enthaltenen Aktien, bzw. Wertpapieren (physische Replikation), oder der Kurs wird synthetisch nachgebildet (synthetische Replikation). Da hier nur minimales Management nötig ist, entstehen dafür bei diesen Fonds auch nur sehr geringe Kosten.

Ein Synonym für passive Fonds sind die ETFs (englisch „exchange traded funds", übersetzt: „börsengehandelte Fonds"). Diese Fonds bilden meist die zugrunde liegenden Indizes ab, also zum Beispiel den DAX, den Dow Jones, sowie auch Indizes der FTSE-, oder MSCI-Familie. Diese Indizes werden entweder physisch, das heißt durch den Kauf der im Index enthaltenen Aktien, oder mit sogenannten SWAPs synthetisch nachgebildet. Beide Varianten bilden den Index gut ab und sind ungefähr gleich riskant[60]. Es gibt aber auch ETFs, die statt Indizes bestimmte Strategien abbilden. Mittlerweile gibt es zudem auch ein Fülle von ETFs, die nicht nur Aktien abdecken. Neben den genannten Aktien-ETFs findet man auch Renten-ETFs, Geldmarkt-ETFs und Rohstoff-ETFs. Wie oben bereits erwähnt, können Sie ihre vermögenswirksamen Leistungen aber nur in ETFs anlegen, die den überwiegenden Teil des Kapitals in Aktien investieren.

Die Befürworter von ETFs betonen vorrangig die extrem niedrigen Kosten. ETFs folgen stur dem zugrundeliegenden Index, egal ob dieser steigt oder fällt. Die hohen Transaktions- und Verwaltungskosten der aktiven Fonds entfallen hier. Zudem führen die Befürworter von ETFs immer auch an, dass diese sich im Schnitt besser entwickeln als vergleichbare aktiv gemanagte Fonds, da es nicht möglich sei, den Markt auf lange Sicht zu schlagen.

Kritiker bemängeln hingegen, dass ETFs sich in Krisen schlechter schlagen würden, als aktiv gemanagte Fonds. Die Betrachtung der Entwicklung in der Corona-Krise bestätigt diese Kritik momentan allerdings nicht[61]. Zudem sehen Sie die Gefahr einer Blase[62], da es bedingt durch steigende Investitionen in ETFs und damit in die im jeweiligen Index vertretenen Unternehmen zu Marktverzerrungen kommen würde.

60 „ETF-Depot – Für jede Lebenslage" Finanztest 06/2017

61 Stand 03/2021

62 Also eine starke Überbewertung, die beim Platzen der Blase zu einem Crash mit entsprechenden Verlusten führen würde.

Vorsicht ist bei sogenannten gehebelten ETFs angebracht, hierbei handelt es sich um eine erheblich riskantere Geldanlage als normale ETFs. Bei diesen Fonds wird mit einem Kredithebel gearbeitet, der dazu führt, dass der Fonds selbst bei kleinen Schwankungen des zugrunde liegenden Indizes recht kräftig schwanken kann. Daher sind gehebelte ETFs nichts für Anfänger und auch nur für sehr kurzfristige Geldanlagen zu empfehlen. Für eine langfristige Anlage von vermögenswirksamen Leistungen sind sie daher völlig ungeeignet.

Anlageschwerpunkt und Streuung

Diese beiden Aspekte hängen eng zusammen. Setzt man den Anlagenschwerpunkt auf einen relativ kleinen Markt, so bleibt die Streuung relativ gering, das Investment ist für Risiken sehr anfällig. Setzt man den Anlageschwerpunkt allerdings auf Weltmärkte, so hat man eine sehr breite Streuung, die Anlage wird sicherer. Aber Vorsicht! Eine 100% Sicherheit gegen Verluste gibt es bei Aktien, auch wenn Sie sehr breit streuen, nie. Bricht die Weltwirtschaft durch unvorhergesehene Ereignisse stark und dauerhaft ein, hilft auch eine breite Streuung nicht mehr viel. Aber sie vermindert die Gefahr starker Verluste im täglichen Leben im Gegensatz zu Fonds, die sich nur auf wenige Werte im Portfolio beschränken.

Allerdings geht eine sehr breite Streuung auch zu Lasten der Rendite. Denn bei sehr breiter Streuung haben Sie sowohl stark wachsende, als auch stagnierende und schrumpfende Unternehmen im Portfolio. Daher entwickelt sich ihre Anlage so, wie der gewichtete Durchschnitt[63] der Wertpapiere im Fonds und somit schwächer als ein weniger breit gestreutes Portfolio.

Trotzdem ist bei mit vermögenswirksamen Leistungen besparten Fonds eine breite Streuung eher zu empfehlen, da Sie ihr Geld mehrere Jahre einem Fonds anvertrauen. Sie können zwar zwischendurch auch umschichten und den Fonds wechseln[64], aber im Normalfall legen Sie ihr Geld für mindestens 6 Jahre im gewählten Fonds an und für einen solchen Zeitraum ist es auch Experten nicht möglich, die Entwicklung der Wirtschaft mit ausreichender Sicherheit vorherzusagen. Daher sollten gerade auch Einsteiger möglichst breit gestreute Fonds wählen.

---

63 Im Portfolio von Fonds finden sich die enthaltenen Aktien meist nicht im gleichen Verhältnis, sondern je nach Gewichtung mehr oder weniger Aktien eines Unternehmens.

64 Siehe weiter unten im Kapitel „Umschichten“

Die bekanntesten breit gestreute Indizes für die Sie günstige ETFs bekommen, sind aktuell der MSCI World und der FTSE All-World. Diese legen weltweit in die größten Einzelwerte an, wobei der Schwerpunkt sehr auf den führenden Industrieländern, insbesondere den USA liegt. Es gibt aber auch Indizes für Schwellenländer (Emerging Markets), sowie bestimmte regionale Märkte verschiedener Größen (Europa, USA, oder Deutschland), oder auch Indizes für kleinere und mittlere Unternehmen (Small Caps oder Mid Caps).

Am sichersten ist hierbei die Anlage in einem Index, der die stärksten Länder einer größeren Region, also zum Beispiel eines Kontinents im Boot hat. Ob man hierbei nur in große Unternehmen, oder auch in mittlere oder kleinere Unternehmen investiert ist im ersten Moment nachrangig, alle drei Gruppen haben ihre Stärken und Schwächen. Zudem sollte man sich nicht von der Bezeichnung kleine und mittlere Unternehmen blenden lassen, denn selbst die Firmen, die hierbei zu den kleinen Unternehmen zählen, sind nur im Vergleich zu den Riesen der Indizes klein. So zählen aktuell zum Beispiel Unternehmen wie das Technologieunternehmen Logitech, der Modekonzern Hugo Boss und die Zeitung New York Times zu diesen sogenannten Small Caps. Unter diesen „kleinen Unternehmen" finden sich auch sehr bekannte Marken mit teils sehr langer Tradition und/oder hohem Entwicklungspotenzial. Auch einige sogenannte Hidden Champions, das heißt Unternehmen, die in ihren Sparten Weltmarktführer sind, sind in diesen Indizes vertreten.

Den meisten Indizes gemeinsam ist, dass die Einzelaktien gemäß ihrem Börsenwert darin vertreten sind, also größere Unternehmen mehr Gewicht haben, als kleinere. Ein weiterer Vorteil ist die automatische Anpassung, so fallen schwächelnde Aktien aus dem Index, während aufstrebende Aktien aufgenommen werden.

Die bekanntesten breit gestreuten Indizes sind:

- **MSCI World**: über 1.600 Aktien großer und mittlerer Unternehmen aus 23 Industrieländern
- **MSCI Emerging Markets**: über 1.100 Aktien großer und mittlerer Unternehmen aus 24 Schwellenländer
- **MSCI World Small Caps**:über 4.300 Aktien kleiner Unternehmen aus 23 Industrieländern
- **MSCI Emerging Markets Small Caps**: über 1.500 Aktien kleiner Unternehmen aus 24 Schwellenländer

- **MSCI All Country World IMI**: über 8.600 Aktien aus allen vier vorher genannten MSCI-Indizes
- **FTSE All-World**: über 3.200 Aktien aus 25 Industrie- und 23 Schwellenländern

Ein Manko ist aber, dass alle dieser Indizes, außer den beiden Emerging Markets-Indizes sehr USA-lastig sind. Der MSCI World liegt hier bei knapp 50% USA- Aktien, der FTSE All-World sogar bei knapp 59%. Aufgrund der wirtschaftlichen Stellung der USA im Weltmarkt ist dies nicht verwunderlich. Allerdings könnten diese Indizes bei einer US-amerikanischen Wirtschaftskrise dementsprechend auch stark getroffen werden. Zudem ist die Definition von Industrie- und Schwellenländern bei FTSE und MSCI teils unterschiedlich, was geringfügig die Vergleichbarkeit erschwert.

Nachhaltigkeit

Nachhaltigkeit ist heutzutage ein großes Thema. Dies haben auch die Fondsanbieter erkannt und so gibt es mittlerweile ein großes Angebot von aktiven Fonds und ETFs mit Anlagemöglichkeiten in nachhaltig wirtschaftende Unternehmen. Leider hält sich das Investment in solche Fonds noch stark in Grenzen. Ein Grund wird sicherlich sein, dass diese Fonds in normalen Filialbanken meist nur auf Nachfrage angeboten werden.

Der Begriff Nachhaltigkeit ist weder klar definiert, noch geschützt. Wie die einzelnen Fonds Nachhaltigkeit für sich selbst definieren, variiert daher stark und ist teils auch etwas irreführend. Daher kann es passieren, das Fonds, die mit Nachhaltigkeit werben, trotzdem in Firmen, die zum Beispiel Waffen, Alkohol oder Tabak produzieren, investieren. Falls Sie überprüfen möchten, ob der Fonds, in den Sie investieren möchten, ihren Vorstellungen entspricht, verlassen Sie sich am Besten nicht nur auf die Angaben zum Anlageziel, oder zum Anlageschwerpunkt im Prospekt, sondern schauen Sie auf die Einzelwerte, in die der Fonds investiert. Diese Informationen finden Sie meist im Internet. Ansonsten können Sie diese auch beim Fondsanbieter erfragen.

Relativ breit aufgestellte Indizes, die ausschließlich nachhaltig handelnde Unternehmen beinhalten sind schwer zu finden, es gibt sie aber. Ein Index, der auch von Finanztest empfohlen wurde[65], ist der **MSCI World Socially Responsible Index (SRI)**, der 400 Einzelaktien von Unternehmen mit

65 „Spezielle Welt-ETF – Eigene Ideen verfolgen“ Finanztest 03/2018

ethisch-ökologischem Handeln beinhaltet. Ein weiterer Index, der nachhaltige Unternehmen abbildet, ist der **Dow Jones Global Sustainability**. Dieser beinhaltet rund 500 Aktien aus 36 Industrie- und Schwellenländern. Es gibt aber auch entsprechende Indizes und Fonds anderer Anbieter, das Angebot wächst ständig. Zum Beispiel bietet PNB Paribas auch Fonds, die Unternehmen, die mit geächteten Waffen in Zusammenhang gebracht werden, ausschließen. Diese erkennen Sie an dem Zusatz „**ex Controversial Weapons**" im Fondsnamen.

Ausschütten oder Thesaurieren

Fonds kann man zudem danach unterscheiden, ob Sie Gewinne durch Dividenden ausschütten, das heißt zu bestimmten Terminen an die Anleger auszahlen, oder ob diese Gewinne thesauriert werden, das heißt in neue Wertpapiere investiert werden.

Beides hat Vor- und Nachteile. Ausschüttende Fonds sorgen für einen stetigen Kapitaleingang auf dem Konto. Das ausgezahlte Kapital kann dann zwar direkt ausgegeben werden, es erwirtschaftet aber keine weitere Rendite. Ein Vorteil dabei ist, dass Sie in regelmäßigen Abständen Erträge ausgezahlt bekommen, ohne dass dafür Fondsanteile verkauft werden müssen und Ordergebühren fällig werden.

Thesaurierende Fonds hingegen zahlen keine Dividenden aus, das erwirtschaftete Kapital bleibt in den Fonds und wird in zusätzliche Wertpapiere und Kapitalanlagen investiert. Das Geld arbeitet also weiter. Möchte man nun Gewinne realisieren, bleibt bei diesen Fonds dann nur der Weg über den gebührenträchtigen Verkauf von Anteilen.

Cost-Average-Effekt

Ein häufig für die Vorteilhaftigkeit von Fondssparplänen angeführtes Argument ist der sogenannte Durchschnittskosteneffekt, besser bekannt unter der englischen Bezeichnung Cost-Average-Effekt.

Was hochtrabend daher kommt, kann man recht einfach beschreiben. Es gibt zwei Möglichkeiten, automatisiert zu sparen. Entweder man kauft immer die selbe Anzahl Anteile[66], oder man kauft immer für einen bestimmten Betrag so viele Anteile, wie man dafür bekommt. Die Verfechter des Cost-Ave-

66 Ich beziehe das hier auf das aktuelle Kapitel „Fondssparen", daher Anteile. Man kann das aber auch genauso gut auf andere Anlagemöglichkeiten anwenden.

rage-Effekts argumentieren nun, dass man eine bessere Rendite erwirtschaften kann, wenn man immer für einen festgelegten Betrag die dafür erhältliche Menge an Anteilen kauft[67] anstatt immer die selbe Menge zu kaufen. Dies wird damit begründet, dass man beim Kauf von Anteilen im Gesamtwert eines festgelegten Betrages bei Höchstständen des Fondskurses nur eine kleine Menge der teuren Anteile und bei Niedrigständen entsprechend mehr Anteile des günstigen Fonds erwirbt. Man würde also grob zusammengefasst automatisch bei günstigen Kursen zugreifen und sich bei teuren Kursen zurückhalten. Dies führe zu einer höheren Rendite. Diese Auffassung ist aber nicht unumstritten.

Ich habe selbst verschiedene Szenarien durchgerechnet. Dabei habe ich den prozentualen und den realen Renditeunterschied zwischen den beiden Taktiken (Kauf fester Anteilsmengen vs. Investition fester Beträge) verglichen. Diese bestätigen den Cost-Average-Effekt teilweise. Je stärker die Kursschwankungen, desto größer ist der Effekt.

Szenario Nr.	Beschreibung	Kurs						
		Jahr 1	Jahr 2	Jahr 3	Jahr 4	Jahr 5	Jahr 6	Jahr 7
1	erst fallende, dann steigende Kurse, Kurs am Ende wieder auf Ausgangsniveau	10,00 €	9,00 €	9,00 €	10,00 €	11,00 €	11,00 €	10,00 €
2	erst steigende, dann fallende Kurse, Kurs am Ende wieder auf Ausgangsniveau	10,00 €	11,00 €	11,00 €	10,00 €	9,00 €	9,00 €	10,00 €
3	erst fallende Kurse, dann Erholung auf Ausgangsniveau	10,00 €	9,00 €	8,10 €	7,29 €	8,10 €	9,00 €	10,00 €
4	erst steigende Kurse, dann Fallen auf Ausgangsniveau	10,00 €	11,00 €	12,10 €	13,31 €	12,10 €	11,00 €	10,00 €
5	durchgehend steigende Kurse 5% p.a.	10,00 €	10,50 €	11,03 €	11,58 €	12,16 €	12,76 €	13,40 €
6	durchgehend steigende Kurse 10% p.a.	10,00 €	11,00 €	12,10 €	13,31 €	14,64 €	16,11 €	17,72 €
7	durchgehend fallende Kurse 5% p.a.	10,00 €	9,50 €	9,03 €	8,57 €	8,15 €	7,74 €	7,35 €
8	durchgehend fallende Kurse 10% p.a.	10,00 €	9,00 €	8,10 €	7,29 €	6,56 €	5,90 €	5,31 €

Szenario Nr.	gleiche monatliche Einzahlung				Kauf fester Anteilsmengen					
	Einzahlungen	Depotwert am Ende der Sperrfrist	Rendite [%]	Rendite [€]	Einzahlungen	Depotwert am Ende der Sperrfrist	Rendite [%]	Rendite [€]	Cost-Average-Effekt [%]	Cost-Average-Effekt [€]
1	2.400,00 €	2.416,16 €	0,67%	16,16 €	2.400,00 €	2.400,00 €	0,00%	0,00 €	0,67%	16,16 €
2	2.400,00 €	2.416,16 €	0,67%	16,16 €	2.400,00 €	2.400,00 €	0,00%	0,00 €	0,67%	16,16 €
3	2.400,00 €	2.825,24 €	17,72%	425,24 €	2.059,60 €	2.400,00 €	16,53%	340,40 €	1,19%	84,84 €
4	2.400,00 €	2.088,96 €	-12,96%	-311,04 €	2.780,40 €	2.400,00 €	-13,68%	-380,40 €	0,72%	69,36 €
5	2.400,00 €	2.856,80 €	19,03%	456,80 €	2.720,77 €	3.216,23 €	18,21%	495,46 €	0,82%	-38,66 €
6	2.400,00 €	3.086,24 €	28,59%	686,24 €	3.086,24 €	3.865,22 €	25,24%	778,98 €	3,35%	-92,74 €
7	2.400,00 €	2.013,30 €	-16,11%	-386,70 €	2.119,26 €	1.764,22 €	-16,75%	-355,04 €	0,64%	-31,65 €
8	2.400,00 €	1.686,81 €	-29,72%	-713,19 €	1.874,24 €	1.275,46 €	-31,95%	-598,78 €	2,23%	-114,41 €

Grundlage der Beispielrechnung: 6 Jahre VwL-Einzahlungen, danach 1 Jahr Ruhezeit, eigene Berechnungen, ohne Gewähr

Tabelle 6: Beispielrechnung Cost-Average-Effekt

Womit hängt dies zusammen? Einfach erklärt hängt das damit zusammen, dass man mit dieser Taktik mehr Anteile kauft, wenn die Kurse niedrig sind und weniger, wenn die Kurse hoch sind. Dadurch verschiebt sich der Schwerpunkt des Portfolios hin zu den günstigeren Anteilen, durchschnittlich haben Sie also weniger pro Anteil bezahlt, als beim Kauf fester Anteilsmengen. Ent-

67 Standard beim Fondssparplan. Ihr Arbeitgeber überweist monatlich einen bestimmten Geldbetrag und Sie bekommen die dem Betrag entsprechende Menge an Fondsanteilen in ihr VL-Depot übertragen.

sprechend größer ist dann ihr Gewinn. Wenn die Kurse allerdings nur wenig schwanken oder gar stagnieren wird der Effekt immer kleiner.

Wie man in dieser Tabelle sieht, erhöht der Cost-Average-Effekt nur dann immer die Rendite, wenn man Sie prozentual im Verhältnis zum eingesetzten Kapital betrachtet. Betrachtet man die Rendite allerdings absolut in Euro[68], so kann diese schlechter als beim Kauf fester Mengen ausfallen. Dies tritt insbesondere bei durchweg fallenden, oder stetig steigenden Kursen auf. Fallen die Kurse durchweg, kaufen Sie zwar immer mehr Anteile je günstiger diese sind, aber wenn die Kurse später im Keller bleiben, haben Sie im Vergleich zum Kauf fester Mengen viel mehr Anteile im Portfolio, die im Wert verloren haben. Aber auch im gegensätzlichen Szenario schneiden Sie schlechter ab. Steigen die Kurse nämlich durchweg, so kaufen Sie immer weniger Anteile, je mehr diese Wert sind. Somit haben Sie am Ende entsprechend auch weniger Anteile im Portfolio, die im Kurs gestiegen sind. Daher ist ihr realer Gewinn in Euro dann niedriger (oder der Verlust höher) als beim Kauf fester Anteilsmengen, obwohl der auf Grundlage des eingesetzten Kapitals errechnete prozentuale Gewinn höher ist.

Aufgrund der Struktur der Fondssparpläne haben Sie beim VL-Fondssparen nur die Möglichkeit, festgelegte Beträge jeden Monat zu investieren. Daher realisieren Sie beim Fondssparen zwar bezogen auf die eingezahlten VL-Beträge meist einen Vorteil gegenüber dem Kauf fester Anteilsmengen, schneiden aber bei Betrachtung der Rendite in Euro bei stetig steigenden oder stetig fallenden Kursen schlechter ab, da beim Kauf fester Anteilsmengen je nachdem, ob die Kurse steigen oder fallen, mehr oder weniger Kapital eingesetzt wird.

Umschichten

Ich empfehle zwar immer gerne, gerade vermögenswirksame Leistungen eher in breit gestreute, am Besten weltweit anlegende, Fonds fließen zu lassen, aber es ist ja auch der Fall denkbar, dass man zuerst in einen unrentablen Fonds investiert hat, oder sich das eigene Anlageziel, bzw. die Risikobereitschaft geändert hat[69]. In solchen Fällen sind Sie beim Fondssparen flexibel. Sie können das Portfolio ohne Gefahr für die erhaltenen staatlichen Zulagen umschichten. Dabei müssen Sie aber ein paar Punkte beachten. So können

68 Oder in irgendeiner anderen Währung

69 Vielleicht möchten Sie mit der Zeit eher in Tech-Fonds, regional investierende Fonds oder in Nachhaltige Fonds investieren.

Sie die angelegten Anteile ohne Gefährdung der Förderung verkaufen, sofern Sie den Erlös bis zum Ablauf des Folgemonats erneut anlegen. Falls dies aufgrund der Stückelung nicht komplett möglich ist, ist dies meist kein Problem, denn die Umschichtung ist unschädlich für die staatliche Förderung, sofern der nicht wieder neu angelegte Betrag 150,-€ nicht überschreitet. Im Umkehrschluss könnte man dem festgelegten Fondsvermögen also auch dauernd Geld entnehmen, solange der Betrag 150,-€ pro Verkauf nicht überschreitet. Ob dies aber wirklich Sinn macht, ist fraglich, denn dafür müsste der Erlös die Transaktionskosten des Verkaufs decken.

Chancen und Rendite

Fonds haben die Chance, sehr hohe Renditen zu erzielen. Dies hängt aber sehr stark von der Entwicklung der zugrunde liegenden Wertpapiere ab. Seit es Börsen gibt, haben sich diese nach Crashs immer wieder erholt. Natürlich gibt es keine Gewissheit, dass dies künftig auch wieder so sein wird, es spricht aber vieles dafür. Daher raten die meisten Experten, bei breit gestreuten Fonds Krisen auszusitzen und auf eine Erholung zu warten. Ein Vorteil hierbei ist, dass Sie beim Fondssparen keine festen Zeitpunkte haben, zu denen Sie verkaufen müssen. Es steht Ihnen meist frei, den Verkaufszeitpunkt selbst zu wählen, Sie können also ihre Fonds normalerweise noch längere Zeit komplett halten, oder Teile davon bei Bedarf verkaufen.

		Wert nach voller Besparung ohne Zulage				Wert nach voller Besparung mit Zulage			
durchschnittliche jährliche Rendite des Fonds	VL-Einzahlungen	Wert	Rendite gesamt der eingezahlten VL [€]	Gesamte Rendite der eingezahlten VL [%]	Jährliche Rendite der eingezahlten VL [%]	Wert	Rendite gesamt der eingezahlten VL [€]	Rendite gesamt der eingezahlten VL [%]	Jährliche Rendite der eingezahlten VL [%]
-10,00%	2.400,00 €	1.518,13 €	-881,87 €	-36,74%	-10,00%	1.998,13 €	-401,87 €	-16,74%	-4,04%
-9,00%	2.400,00 €	1.590,43 €	-809,57 €	-33,73%	-9,00%	2.070,43 €	-329,57 €	-13,73%	-3,26%
-8,00%	2.400,00 €	1.665,91 €	-734,09 €	-30,59%	-8,00%	2.145,91 €	-254,09 €	-10,59%	-2,48%
-7,00%	2.400,00 €	1.744,68 €	-655,32 €	-27,31%	-7,00%	2.224,68 €	-175,32 €	-7,31%	-1,68%
-6,00%	2.400,00 €	1.826,87 €	-573,13 €	-23,88%	-6,00%	2.306,87 €	-93,13 €	-3,88%	-0,88%
-5,00%	2.400,00 €	1.912,64 €	-487,36 €	-20,31%	-5,00%	2.392,64 €	-7,36 €	-0,31%	-0,07%
-4,00%	2.400,00 €	2.002,10 €	-397,90 €	-16,58%	-4,00%	2.482,10 €	82,10 €	3,42%	0,75%
-3,00%	2.400,00 €	2.095,42 €	-304,58 €	-12,69%	-3,00%	2.575,42 €	175,42 €	7,31%	1,57%
-2,00%	2.400,00 €	2.192,74 €	-207,26 €	-8,64%	-2,00%	2.672,74 €	272,74 €	11,36%	2,40%
-1,00%	2.400,00 €	2.294,21 €	-105,79 €	-4,41%	-1,00%	2.774,21 €	374,21 €	15,59%	3,24%
0,00%	2.400,00 €	2.400,00 €	0,00 €	0,00%	0,00%	2.880,00 €	480,00 €	20,00%	4,08%
1,00%	2.400,00 €	2.510,27 €	110,27 €	4,59%	1,00%	2.990,27 €	590,27 €	24,59%	4,93%
2,00%	2.400,00 €	2.625,19 €	225,19 €	9,38%	2,00%	3.105,19 €	705,19 €	29,38%	5,78%
3,00%	2.400,00 €	2.744,93 €	344,93 €	14,37%	3,00%	3.224,93 €	824,93 €	34,37%	6,64%
4,00%	2.400,00 €	2.869,69 €	469,69 €	19,57%	4,00%	3.349,69 €	949,69 €	39,57%	7,51%
5,00%	2.400,00 €	2.999,64 €	599,64 €	24,99%	5,00%	3.479,64 €	1.079,64 €	44,99%	8,38%
6,00%	2.400,00 €	3.134,99 €	734,99 €	30,62%	6,00%	3.614,99 €	1.214,99 €	50,62%	9,25%
7,00%	2.400,00 €	3.275,92 €	875,92 €	36,50%	7,00%	3.755,92 €	1.355,92 €	56,50%	10,13%
8,00%	2.400,00 €	3.422,65 €	1.022,65 €	42,61%	8,00%	3.902,65 €	1.502,65 €	62,61%	11,02%
9,00%	2.400,00 €	3.575,39 €	1.175,39 €	48,97%	9,00%	4.055,39 €	1.655,39 €	68,97%	11,91%
10,00%	2.400,00 €	3.734,36 €	1.334,36 €	55,60%	10,00%	4.214,36 €	1.814,36 €	75,60%	12,80%

Grundlage der Beispielrechnung: 6 Jahre VL-Einzahlungen, danach 1 Jahr Ruhezeit, eigene Berechnungen, ohne Gewähr

Tabelle 7: Gesamtrendite Fondssparen nach Ablauf der Sperrfrist

Kosten und Risiken

Beim VL-Fondssparen haben Sie analog zu den großen Renditechance auch ein hohes Verlustrisiko. Zwar kann man das Risiko streuen, aber ganz eliminieren lässt es sich nicht, es bleibt immer ein gewisses Restrisiko. Zudem spielen mehrere Kostenfaktoren eine Rolle. Die Kosten können dabei je nach Anbieter sehr stark schwanken.

Depotgebühren

Um ETFs verwahren und handeln zu können, benötigen Sie ein entsprechendes Wertpapierdepot, das für vermögenswirksame Leistungen geeignet ist. Ihr normales Depot können Sie dafür meist nicht nutzen, da es bei der Anlage vermögenswirksamer Leistungen spezielle Meldepflichten und Fristen gibt. Ein solches Depot können Sie sowohl bei ihrer Hausbank, als auch bei einer Depotbank im Internet eröffnen. Eheleute können bei manchen Anbietern auch ein gemeinsames Depot anlegen. Hausbanken sind bei den Depotgebühren leider oft viel teurer als die Online-Anbieter. Bei Online-Anbietern gibt es bereits spezielle Angebote für VL-Depots mit Kosten von knapp über 10,-€ im Jahr. Regelmäßig aktualisierte Übersichten günstiger Anbieter finden Sie online auf www.Finanztest.de und www.Finanztip.de. Sie können aber auch manchmal bei der Filialbank durch Umstellung des Depots auf Online-Banking oder Ähnliches unnötige Kosten einsparen. Möchte man mit seinem Depot zu einem anderen Anbieter wechseln, so ist dies meist kostenlos möglich und der neue Anbieter übernimmt meist die Formalitäten. Man muss trotzdem ein paar Details beachten. So kann man nur mit ganzen Anteilen umziehen, Bruchstücke müssen bei Wechsel verkauft werden. Zudem unterliegen die Anteile meist einer Handelssperre, bis der Umzug vollzogen ist. Ein Verkauf ist in diesem Zeitraum also nicht möglich. Haben Sie die Anteile vor 2009 erworben, so bleiben diese auch nach dem Wechsel von der Kapitalertragssteuer befreit, der Umzug hat also in diesem Zusammenhang keine negativen Auswirkungen.

Ordergebühren

Für An- und Verkauf von Fonds fallen meist variable und/oder fixe Kosten an. Im Rahmen von VL-Sparplänen fallen oft keine oder nur geringe Gebühren an. Dies gilt aber nur für den Ankauf und hängt damit zusammen, dass die Kaufaufträge für VL-Fonds meist nur an bestimmten Stichtagen im Monat ausgeführt werden. Durch die gebündelte Masse an Käufen zu diesen Zeitpunkten minimieren die Anbieter ihre Transaktionskosten. Achtung: Beim Verkauf fallen aber meist die höheren, normalen Gebühren an.

Spread

Der Spread stellt die Handelsspanne der Broker dar. Dabei handelt es sich um den Unterschied zwischen Kaufs- und Verkaufspreis eines Fonds, oder einer Aktie. Grob kann man sagen, dass diese Handelsspanne umso kleiner ausfällt, je häufiger der Fonds oder die Aktie gehandelt wird. So weisen sehr große Fonds und große ETFs teils einen Spread von unter 0,1% aus.

Ausgabeaufschlag und Rückgabegebühr

Bei dieser Gebühr handelt es sich, sofern sie verlangt wird, um einen ziemlich großen Gebührenbrocken von mehreren Prozent. Oft entfällt der Ausgabeaufschlag bei VL-Sparplänen von Online-Anbietern. Es werden teils aber auch Rückgabegebühren in selber Höhe verlangt. Es empfiehlt sich, Fonds mit hohen Ausgabeaufschlägen und Rückgabegebühren zu meiden. Für ETFs werden diese Gebühren meist nicht verlangt.

Gesamtkostenrate/TER

Die Gesamtkostenrate (auch unter der englischen Bezeichnung TER für „total expense ratio" bekannt) gehört zu den wichtigsten Kennzahlen von Fonds. Es handelt sich dabei um die Summe von Verwaltungs-, sowie Transaktionskosten, die beim Handel und der Verwahrung der Wertpapiere entstehen. Aus diesen Werten wird dann die Gesamtkostenrate gebildet. Sie erleichtert den Vergleich verschiedener Fonds untereinander. Für diese laufenden Kosten ziehen sich die Fondsgesellschaften ständig Geld aus den Fonds. Die Gesamtkostenrate wird zwar im Fondsprospekt angegeben, deren Entnahme erfolgt aber während des Jahres aus dem Fondsvermögen und Sie merken davon in der Regel nichts. Bei ETFs ist dieser Posten meist sehr günstig, große ETFs haben meist laufende Kosten von 0,1% bis 0,5% pro Jahr. Bei aktiv gemanagten Fonds liegen diese Kosten meist viel höher, da hier aufgrund der aktiven Strategie höhere Transaktionskosten anfallen. So liegen viele aktiv gemanagte Fonds im Bereich von 1%-2% Gesamtkostenrate.

Die Gesamtkostenrate bildet aber nur die Kosten der Fondsgesellschaft ab (Anbieterseite). Sie bildet nicht die Kosten ab, die dem Anleger für den An-

und Verkauf, die Verwaltung und das Depot selbst entstehen (Anlegerseite). Diese Kosten fallen noch zusätzlich an.

Gebührenstrukturen von Dachfonds

Bei Dachfonds wird die Gebührenstruktur teils undurchsichtig. Ein Dachfonds ist kurz und einfach erklärt. Es handelt sich dabei um einen Fonds, der nicht selbst in Aktien investiert, sondern das Kapital der Anleger in anderen Fonds anlegt. Da der Anteil der anderen Fonds ständig wechseln könnte und deren Management vom Management des Dachfonds normalerweise unabhängig ist, werden lediglich die Kosten des Dachfonds selbst angegeben. Die Kosten der Fonds, in denen der Dachfonds anlegt, müssen aber nicht angegeben werden. Das suggeriert dem Anleger ein falsches Bild der Kostenstruktur, da ein Teil der Kosten somit verschleiert wird. Daher sind Angaben zu den Kosten bei Dachfonds stets mit Vorsicht zu genießen und nicht unbedingt mit den Kosten normaler Fonds vergleichbar.

Erfolgsabhängige Gebühren/Performance Fees

Ein sehr umstrittener Kostenpunkt sind die erfolgsabhängigen Gebühren. Diese Kosten werden dem Fondskapital entnommen, wenn der Fonds eine bestimmte Rendite erzielt. Dadurch soll dem Management ein Anreiz gegeben werden, eine gute Performance abzuliefern und eine gute Rendite zu erwirtschaften. Allerdings gibt es auch hier einige Kritikpunkte. Zum Einen bezahlt man das Management ja sowieso schon dafür, eine möglichst gute Rendite zu erzielen, warum dann also noch eine zusätzliche Gebühr dafür, dass das Management seine Arbeit macht? Zum Anderen werden hier auch falsche Anreize gesetzt, denn solche Boni verleiten zu riskanten Geschäften. Falls also eine Zockerei gut geht, gibt es einen Bonus für das Management, falls die riskanten Geschäfte allerdings schief gehen, gibt es halt nur die normalen Gebühren. Es wird also lediglich die Rendite durch höhere Gebühren vom Anleger zum Fondsmanagement transferiert und ein Anreiz zum „Zocken“ gesetzt, der Nutzen für den Anleger bleibt allerdings äußerst fraglich.

Verlustrisiko

Die Investition in Fonds und Aktien birgt hohe Risiken. Da Sie Unternehmensanteile kaufen, tragen Sie auch das Unternehmerrisiko. Gehen Firmen, deren Aktien Sie in ihrem Portfolio halten, Pleite, so verlieren die Aktien rapide an Wert, bis hin zum Totalverlust. Je nach Größe, Strategie oder Marktsegment ihres Fonds kann dieses Risiko daher stark schwanken. Hier gilt die Faustregel, dass je breiter die Streuung der Aktien gewählt wird, das Risiko umso kleiner wird. Da Sie ihre vermögenswirksamen Leistungen mehrere Jahre lang in den Fonds parken, sollten Sie auch die Fonds entsprechend wählen. Es empfehlen sich daher breit und ausgewogen gestreute Fonds, die, falls möglich, weltweit und in mehrere Branchen investieren.

Je nachdem ob man einen ETF oder einen aktiv gemanagten Fonds wählt, gibt es verschiedene mögliche Verlustursachen. ETFs folgen stur dem zugrunde liegenden Index. Sie machen daher alle Bewegungen mit. Fällt der Index in den Keller, so wandert der Kurs des ETF in die selbe Richtung. Wählen sie einen aktiv gemanagten Fonds, so können Verluste durch falsche Kauf- und Verkaufszeitpunkte entstehen. Richtiges Timing ist in der Realität fast unmöglich. Es kann daher z.B. passieren, dass Wertpapiere entweder zu Höchstständen gekauft werden und anschließend abstürzen, oder in der Krise bei Tiefstständen verkauft werden, obwohl Sie sich kurz später erholt hätten.

Aber auch wenn die Wahrscheinlichkeit eines Totalverlustes bei sehr breit gestreuten Fonds sehr niedrig ist, so ist diese Möglichkeit nicht ausgeschlossen. Es könnte aber auch passieren, dass die Kurse stark fallen und sehr lange auf niedrigem Niveau verharren. Für diesen Fall wird zwar immer geraten, dass man Krisen aussitzen sollte, da die Märkte sich, seit es den Börsenhandel gibt, immer wieder erholt hätten, aber das dies auf immer so bleiben wird, kann Ihnen niemand garantieren.

Angst und Gier

Den letzten Punkt von Kosten und Risiken bei Fondssparplänen widme ich den „Chaos-Propheten“ und den „Goldgräbern“, wie ich Sie gerne nenne. Sie nehmen die beiden extremen Pole der Emotionen an den Börsen, also Angst und Gier, ins Auge und versuchen durch entsprechende Produkte (entsprechende aktiv gemanagte Fonds) die Bedürfnisse der „Ängstlichen“, beziehungsweise der „Gierigen“ zu befriedigen.

Für die „Gierigen“, also die „renditeorientierten Anleger“ gibt es Fonds, die sehr hohe Renditen versprechen, aber dementsprechend auch sehr riskante Anlagestrategien verfolgen. Für die „Ängstlichen“, also „risikobewussten Anleger“ hingegen gibt es spezielle Fonds, die das Gefühl von Sicherheit vermitteln wollen, dementsprechend meist hohe Kosten haben und daher keine hohen Renditen generieren können. Beide Varianten sind in meinen Augen keine geeigneten Anlagemöglichkeiten für die Investition von vermögenswirksamen Leistungen.

Die Fonds der „Goldgräber“, also diejenigen für renditeorientierte Anleger investieren oft in riskante Anlagen, vielfach in eng begrenzten Märkten mit einer entsprechenden Volatilität, es kommt also zu starken Schwankungen in alle Richtungen. So schnell wie es hoch gehen kann, kann es aber auch wieder heruntergehen. Für einen kurzen Zeitraum kann sich so etwas lohnen, aber vermögenswirksame Leistungen werden normalerweise für mehrere Jahre angelegt, wofür diese Fonds nur schlecht geeignet sind. Zudem braucht es bei vielen dieser Fonds auch gute Nerven, um das Auf und Ab zu ertragen.

Die Fonds der „Chaos-Propheten“, also die Fonds für die Zielgruppe der „risikobewussten Anleger“ versuchen den Anlegern ein Gefühl von Sicherheit bei gleichzeitig hoher Rendite zu vermitteln. Das ihnen dies nur sehr schlecht gelingt, hat sich nicht zuletzt in der Corona-Krise gezeigt. Diese Fonds hätten in der Corona-Krise die einmalige Chance gehabt, ihre vielgepriesenen Vorteile unter Beweis zu stellen, sind aber meist kläglich gescheitert. Statt Sicherheit oder einer Rendite in der Krise gab es meist nur ein verharren auf dem selben Niveau, bzw. sogar Wertverluste, während sich andere Fonds (vor allem auch die von den „Chaos-Propheten“ verteufelten ETFs) und Aktien wieder erholt und teils sogar kräftig zugelegt hatten.

Was sowohl „Goldgräbern“, als auch „Chaos-Propheten“ gemein ist: Sie sind meist vergleichsweise teuer. Hohe Ausgabeaufschläge und Rückgabegebühren sorgen dafür, dass man gekaufte Anteile lieber hält, als Sie wieder zu verkaufen und hohe laufende Kosten, wie Verwaltungsgebühren sorgen dafür, dass es hier immer einen sicheren Gewinner gibt, nämlich das Fondsmanagement, beziehungsweise den Fondsbetreiber.

Oft genug verdienen diese „Goldgräber“ und „Chaos-Propheten“ ihr Geld aber nicht nur mit den Fonds selbst, sondern auch durch Vorträge und Bücher in denen Sie ihre Philosophie massenwirksam verkaufen. Wie viel gerade bei den „Chaos-Propheten“ von diesen toll klingenden und gut präsentierten Weisheiten am Ende übrig bleibt, konnte man in der Corona-Krise sehen. Meiden Sie solche reißerischen Fonds und sehen Sie sich nach kostengünstigen, soliden und breit gestreuten Fonds um.

Staatliche Förderung

Bei Fondssparplänen besteht die Möglichkeit, die Arbeitnehmersparzulage erhalten.

Arbeitnehmersparzulage

Die Arbeitnehmersparzulage wird hierbei in Höhe von 20% der Einzahlungen eines Kalenderjahres gewährt. Dazu zählen die Einzahlungen von vermögenswirksamen Leistungen in den Vertrag, die in diesem Kalenderjahr direkt in Fonds oder Aktien angelegt werden. Auch Beträge bis zu einer Höhe von 150,-€ pro Kalenderjahr, die zwar in dem entsprechenden Kalenderjahr in den Vertrag eingezahlt, aber zum Beispiel aufgrund der Stückelung der Anteile erst in folgenden Kalenderjahren angelegt werden können, zählen dazu, sofern die Anlage innerhalb der Sperrfrist nachgeholt wird[70]. Dabei gilt eine Obergrenze von 400,-€ (bzw. 800,-€ bei 2 verheirateten Arbeitnehmern) für die Berechnung. Das heißt, man kann jährlich maximal 80,-€ (bzw. 160,-€) Arbeitnehmersparzulage erhalten. Nach der Sperrfrist werden die Beträge dann dem Verrechnungskonto gutgeschrieben. Zusätzlich gelten Einkommensgrenzen für das zu versteuernde Einkommen. Diese liegen bei 20.000,-€ für Ledige und 40.000,-€ für verheiratete Paare. Das hört sich im ersten Moment wenig an, das maßgebliche Einkommen kann aber durch abzugsfähige Kosten und Freibeträge stark von dem Bruttoeinkommen abweichen. Bei Fondssparplänen ist die Arbeitnehmersparzulage nicht zweckgebunden, Sie können nach Ablauf der Sperrfrist und Auszahlung frei über ihr Depot und die Zulage verfügen.

Fazit

Wer sich des Risikos bewusst ist, dieses breit streut und bei drohenden Verlusten einen klaren Kopf behalten kann, für den sind Fondssparpläne eine Möglichkeit, auch in Niedrigzinsphasen eine gute Rendite zu erzielen. Eine breite Risikostreuung ist alleine schon wegen der mittelfristigen Anlagezeit (6 bis 7 Jahre) geboten.

Im Vergleich zum Bausparen, oder der Tilgung eines Immobiliendarlehens ist die staatliche Förderung beim Fondssparen recht üppig und zudem auch nicht zweckgebundenen, Sie können über den Betrag frei verfügen, egal, ob

70 §4 Abs. 3, 5.VermBG

Sie mit dem Geld bauen, weiter sparen, oder sich etwas gönnen möchten. Dadurch, dass man keinen Stichtag hat, zu dem man verkaufen oder den Vertrag auflösen muss, kann man nach der Sperrfrist auch Krisen aussitzen und später verkaufen, wenn die Kurse wieder gestiegen sind. Daneben könnte man auch nur Teilbestände verkaufen und den Rest für später stehen lassen. Dabei sollte man aber auch immer das Risiko im Auge behalten. Selbst wenn die Wahrscheinlichkeit hoher Verluste bei breiter Streuung recht gering ist, so ist ein solches Szenario dennoch nie ganz ausgeschlossen.

Interessant ist Fondssparen in den folgenden Fällen:

- ✔ **Wenn man auf eine hohe Rendite aus ist und eine gewisse Risikobereitschaft mitbringt**

  „Wer wagt, gewinnt" heißt es im Sprichwort. Dies kann im Fall von Fonds die richtige Entscheidung sein, muss es aber nicht. So sind Aktienmärkte über die letzten Jahrzehnte im Schnitt mittelfristig eigentlich immer gestiegen und haben den Anlegern ordentliche Renditen beschert. Es spricht zwar vieles dafür, dass dies auch künftig so bleibt, aber dass dies in alle Ewigkeit wirklich so weiter läuft, kann niemand mit Sicherheit sagen. Versuchen Sie schmerzliche Verluste auszuschließen und legen Sie nur Geld an, dass Sie nicht unbedingt brauchen.

- ✔ **Wenn man mit Verlusten klar kommt und die Nerven hat, Krisen auch auszusitzen**

  Es können immer wieder Phasen auftreten, bei denen die Aktienmärkte im Keller herumdümpeln. Wenn Sie breit gestreut haben, stehen die Chancen gut, dass die Märkte sich wieder erholen und ihre Rendite wieder ins Plus wandert. Experten raten in dem Fall meist dazu, die Krise auszusitzen und nicht zu verkaufen. Ob sich aussitzen wirklich lohnt, ist aber von der konkreten Situation, ihrem Anlageschwerpunkt und der Streuung ihres Fonds abhängig, allgemein kann man das, meines Erachtens nach, nicht pauschal sagen. Wenn Sie mit dieser Unsicherheit und ihren Entscheidungen (auch wenn diese mal nicht so gut sind) leben können, dann bietet das Fondssparen eine attraktive Anlagemöglichkeit.

Uninteressant ist Fondssparen im folgenden Fall:

✗ **Wenn man sicherheitsbewusst ist und keine Risiken eingehen möchte**

Es gibt viele Anleger, die sehr sicherheitsbewusst sind und großen Wert darauf legen, ruhig zu schlafen. Diese Risikoaversion hat natürlich immer auch ihre Berechtigung. So kann Risikobereitschaft zwar zum Erfolg, aber auch zum Misserfolg führen und kostet gerade in Krisen oft Nerven. Falls Sie diese Achterbahn der Gefühle nicht mitfahren möchten, sondern stattdessen ihr Geld sicher und mit fest kalkulierbaren Erträgen anlegen möchten, so fahren Sie mit anderen Anlagemöglichkeiten, wie zum Beispiel Banksparplänen, Bausparverträgen, oder der Tilgung eines Baudarlehens besser und schlafen sehr viel ruhiger.

Banksparplan/Geldsparvertrag

Banksparpläne oder Geldsparverträge werden meist von Banken angeboten. Ähnlich einem Sparbuch wird regelmäßig eingezahlt und das Guthaben gemäß einer vertraglichen Vereinbarung verzinst.

Besonderheiten

Es gibt Angebote mit festen, variablen, oder flexiblen, alternierenden Zinssätzen. Zudem gibt es auch Modelle, bei denen in den ersten Jahren keine oder lediglich geringe Zinsen gezahlt werden, am Ende jedoch einmalig ein sehr üppiger Bonus gezahlt wird. Manche Angebote werden nur den eigenen Kunden angeboten. Zudem gibt es auch Sparpläne, die bestimmte Mindestsparraten vorschreiben.

Sperrfrist

Banksparpläne/Geldsparpläne werden 6 Jahre lang mit den Vermögenswirksamen Leistungen bespart und dann bis zum Jahreswechsel ruhen gelassen.

Chancen und Rendite

Ein großer Vorteil ist die Sicherheit dieser Anlageform. Auch ist hier kein Minus möglich und die Einlagen sind in Deutschland und den meisten Ländern der EU durch Einlagensicherungssysteme abgesichert.

Die Rendite ist meist gering. Bei fixen Zinssätzen ist der Endbetrag bereits bei Vertragsschluss bekannt, bei variablen Zinssätzen dagegen mit einer gewissen Unsicherheit verbunden.

Kosten und Risiken

Das Risiko lauert an unerwarteter Stelle. Wenn man nämlich im Vertrag vereinbart hat, dass jahrelang geringe Zinsen gezahlt werden, dafür aber gegen Ende des Vertrages einmal eine sehr große Zinszahlung erfolgt (Treuebonus), könnte das zu steuerlichen Nachteilen führen. Hier besteht nämlich die Gefahr, dass man mit diesem Betrag den Sparerfreibetrag überschreitet und Kapitalertragssteuer zahlen muss.

Zudem sollte man die Fixkosten (Kontogebühren, etc.) nicht aus den Augen verlieren. Gerade in Zeiten niedriger Zinsen können selbst geringe Fixkosten die Rendite mitunter stark ins Minus treiben.

	Jährliche Fixkosten (z.B. Kontogebühren, etc.)						
Guthabenzins	5,00 €	7,50 €	10,00 €	12,50 €	15,00 €	17,50 €	20,00 €
0,05%	10.000,00 €	15.000,00 €	20.000,00 €	25.000,00 €	30.000,00 €	35.000,00 €	40.000,00 €
0,10%	5.000,00 €	7.500,00 €	10.000,00 €	12.500,00 €	15.000,00 €	17.500,00 €	20.000,00 €
0,15%	3.333,33 €	5.000,00 €	6.666,67 €	8.333,33 €	10.000,00 €	11.666,67 €	13.333,33 €
0,20%	2.500,00 €	3.750,00 €	5.000,00 €	6.250,00 €	7.500,00 €	8.750,00 €	10.000,00 €
0,25%	2.000,00 €	3.000,00 €	4.000,00 €	5.000,00 €	6.000,00 €	7.000,00 €	8.000,00 €
0,50%	1.000,00 €	1.500,00 €	2.000,00 €	2.500,00 €	3.000,00 €	3.500,00 €	4.000,00 €
0,75%	666,67 €	1.000,00 €	1.333,33 €	1.666,67 €	2.000,00 €	2.333,33 €	2.666,67 €
1,00%	500,00 €	750,00 €	1.000,00 €	1.250,00 €	1.500,00 €	1.750,00 €	2.000,00 €
1,25%	400,00 €	600,00 €	800,00 €	1.000,00 €	1.200,00 €	1.400,00 €	1.600,00 €
1,50%	333,33 €	500,00 €	666,67 €	833,33 €	1.000,00 €	1.166,67 €	1.333,33 €
1,75%	285,71 €	428,57 €	571,43 €	714,29 €	857,14 €	1.000,00 €	1.142,86 €
2,00%	250,00 €	375,00 €	500,00 €	625,00 €	750,00 €	875,00 €	1.000,00 €
2,25%	222,22 €	333,33 €	444,44 €	555,56 €	666,67 €	777,78 €	888,89 €
2,50%	200,00 €	300,00 €	400,00 €	500,00 €	600,00 €	700,00 €	800,00 €
2,75%	181,82 €	272,73 €	363,64 €	454,55 €	545,45 €	636,36 €	727,27 €
3,00%	166,67 €	250,00 €	333,33 €	416,67 €	500,00 €	583,33 €	666,67 €

eigene Berechnungen, ohne Gewähr

Tabelle 8: Welches Guthaben wird mindestens benötigt, um mit den Sparzinsen die Fixgebühren auszugleichen?

Staatliche Förderung

Für Banksparpläne und Geldsparverträge gibt es leider keine staatlichen Zulagen.

Fazit

Banksparpläne sind etwas für Anleger mit hohem Sicherheitsbedürfnis. Diese Sicherheit hat aber ihren Preis in der mageren Verzinsung. Bei Banksparplänen handelt es sich um sehr einfach strukturierte, übersichtliche Produkte, ähnlich einem Sparbuch.

Interessant ist ein Banksparplan im folgenden Fall:

✔ **Wenn man keinen Anspruch auf staatliche Förderung hat und großen Wert auf Sicherheit legt**

Banksparpläne sind äußerst sichere Anlagemöglichkeiten. Zudem bieten Sie aufgrund der für den Kunden geringeren Kosten gerade bei kleinen Guthabenzinsen nahe Null Prozent einen Renditevorteil gegenüber Bausparverträgen.

Uninteressant ist ein Banksparplan in folgenden Fällen:

✗ **Wenn man bereit ist, für eine höhere Rendite ein Risiko einzugehen**

Banksparpläne haben eine magere Rendite. Diese liegt zwar in der Regel über der von zum Beispiel Bausparverträgen ohne Zulagen, schneidet aber im Vergleich zu anderen Anlagen, wie zum Beispiel Fonds deutlich schlechter ab. Wer mit einem Verlustrisiko umgehen kann, und höhere Rendite anstrebt, für den sind Banksparpläne nicht so interessant.

✗ **Wenn man alternativ auch ein Baudarlehen mit vermögenswirksamen Leistungen tilgen kann**

Die Tilgung eines Baudarlehens ist ebenso sicher wie ein Banksparplan, bietet aber eine höhere Rendite. Falls Sie noch ein laufendes Baudarlehen haben, prüfen Sie, ob Sie auch mit vermögenswirksamen Leistungen tilgen können.

Betriebliche Altersvorsorge

Da die gesetzliche Rente in Deutschland immer weiter gesenkt wird, bzw. real gegenüber der Inflation verliert, sollte man privat auch vorsorgen. Eine Möglichkeit besteht mit vermögenswirksamen Leistungen. Denn auch mit ihnen kann man die Rente für's Alter aufbessern. Ob sich eine betriebliche Altersvorsorge aber später rechnet hängt von vielen Faktoren ab.

Besonderheiten

Bei einer betrieblichen Altersvorsorge kann man vermögenswirksame Leistungen und Teile des Lohns oder Gehalts vom Arbeitgeber direkt in einen entsprechenden Vertrag einfließen lassen. Für Arbeitnehmer der Metall- und Elektrobranche ist sogar bereits im Tarifvertrag verbindlich festgelegt, dass die vermögenswirksamen Leistungen des Arbeitgebers nur in die betriebliche Altersvorsorge oder einen Riestervertrag fließen dürfen.

Wenn Sie in eine betriebliche Altersvorsorge investieren möchten/müssen, gibt es mehrere Möglichkeiten:

Direktzusage

Bei einer Direktzusage verpflichtet sich ihr Arbeitgeber selbst dazu, Ihnen entsprechende Leistungen im Alter auszuzahlen. Die Verpflichtung kann ihren Ursprung in einer Zusage an Sie selbst (Einzelvertrag), einer betrieblichen „Ruhegeldordnung", einer Betriebsvereinbarung oder einem Tarifvertrag haben. Dabei übernimmt der Arbeitgeber alle Aufgaben selbst. Jedoch kann er nicht frei über die eingezahlten Beträge verfügen, sondern muss Rückstellungen dafür bilden. Zudem ist er gesetzlich verpflichtet, sogenannte „unverfallbare Anwartschaften" beim Pensions-Sicherungs-Verein (PSVaG) gegen Insolvenz absichern, daher sind diese Leistungen unabhängig von ihrem Arbeitgeber recht sicher.

Unterstützungskasse

In diesem Fall zahlt ihr Arbeitgeber die Beträge an eine Unterstützungskasse. Diese übernimmt die Abwicklung und zahlt die Leistungen analog einer Direktzusage im Alter an Sie aus. Die Unterstützungskasse ist eine zu diesem Zweck entsprechend eingerichtete Versorgungseinrichtung in der Rechtsform einer GmbH, einer Stiftung oder eines eingetragenen Vereins. Die Unterstützungskasse selbst gewährt keinen Rechtsanspruch auf die Leistungen, ihr Arbeitgeber trägt weiter die Verantwortung dafür. Grob gesagt verhält es sich wie bei einer Direktzusage ihres Arbeitgebers, jedoch übernimmt die Unterstützungskasse die Abwicklung. Die Rentenzahlungen sind auch hier im Fall der Insolvenz ihres Arbeitgebers durch den Pensions-Sicherungs-Verein abgesichert.

Direktversicherung

Eine Direktversicherung ist eine Versicherung, die von ihrem Arbeitgeber bei einer Versicherungsgesellschaft abgeschlossen wird. Ihr Arbeitgeber wird zum Versicherungsnehmer. Sie oder ihre Hinterbliebenen werden zu begünstigten Personen. Bei Insolvenz des Versicherers springt die Sicherungseinrichtung Protektor ein.

Pensionskasse

Pensionskassen sind Einrichtungen großer Unternehmen, oder des öffentlichen Dienstes. Sie haben in Deutschland entweder die Rechtsform einer Aktiengesellschaft (AG), oder eines Versicherungsvereins auf Gegenseitigkeit (VVaG)[71]. Der Arbeitgeber zahlt in die Pensionskasse ein, diese sammelt und verwaltet das Vermögen. Im Alter werden dann davon die Leistungen ausgezahlt. Sollte die Pensionskasse später Probleme haben, ihren zugesagten Ver-

71 § 232, VAG

pflichtungen nachzukommen, so kann bei Versicherungsvereinen auf Gegenseitigkeit je nach Satzung eine Nachschusspflicht, oder eine Beitragserhöhung bei gleicher Leistung auf die Arbeitgeber zukommen. Bei Aktiengesellschaften haften diese mit ihrem Gesellschaftsvermögen. Bei der Insolvenz einer Aktiengesellschaft springt die gesetzlich vorgeschriebene Sicherungseinrichtung Protektor ein.

Pensionsfonds

Pensionsfonds arbeiten ähnlich wie Pensionskassen, sind aber freier in ihrer Geschäftstätigkeit, insbesondere bei den Anlagemöglichkeiten. Sie können zu einem Unternehmen gehören, oder selbständige Unternehmen sein und die Rechtsform einer Aktiengesellschaft (AG), oder eines Versicherungsvereins auf Gegenseitigkeit (VVaG) haben. Pensionsfonds können auch gewagtere Anlagemöglichkeiten, wie Aktien und Anleihen wählen. Daher können die Renditen höher sein, es werden aber meist nur begrenzt Garantien zu späteren Leistungen gegeben. Auch hier ist zwar gesetzlich eine Absicherung gegen die Insolvenz ihres Arbeitgebers vorgeschrieben, allerdings umfasst diese nicht den Pensionsfonds als Ganzes, sondern lediglich die Nachschusspflichten ihres Arbeitgebers gegenüber des Pensionsfonds. Deutsche Pensionsfonds sind zulassungspflichtig[72] und unterliegen der Überwachung durch die BaFin[73]. Auch dürfen Sie nur mit deren Zustimmung grenzüberschreitend tätig werden. Ausländische Pensionsfonds benötigen keine Zustimmung der BaFin und unterliegen auch nicht deren Überwachung.

Chancen und Rendite

Die Investition vermögenswirksamer Leistungen in die betriebliche Altersvorsorge ist in der Einzahlungsphase für Sie steuer- und sozialversicherungsfrei. Sie erhalten dadurch monatlich etwas mehr Geld vom Arbeitgeber ausgezahlt, als wenn Sie die vermögenswirksamen Leistungen in andere Anlagearten hätten. Gegen Insolvenzen sind die zugesagten Rentenzahlungen meist gut geschützt. Die Rendite kann je nach Vertrag unterschiedlich ausfallen, manche Verträge geben Garantien für Mindestrenditen, andere nicht. In diesem Fall ist man dann stark von der Zinsentwicklung abhängig. Achten sollte man zudem vor allem auch auf die laufenden Kosten des Vertrages. Wählen Sie möglichst einen Vertrag mit geringen Kosten.

72 § 236 Abs. 4, VAG
73 Bundesanstalt für Finanzdienstleistungsaufsicht

Wahlrecht

Bei der Auszahlung können Sie je nach Vertrag zwischen Einmalzahlungen oder monatlichen Leistungen wählen. Dieses Wahlrecht besteht aber nicht immer, sondern ist vom abgeschlossenen Vertrag abhängig.

Entgeltumwandlung

Ein weiterer Vorteil ist in der Entgeltumwandlung zu sehen. Durch die Entgeltumwandlung sind die in die betriebliche Altersvorsorge eingezahlten Beträge bei der Einzahlung weder steuer- noch sozialversicherungspflichtig. Das die späteren Leistungen dann bei Auszahlung voll steuer- und sozialversicherungspflichtig sind, ist zwar ein Nachteil, aber falls man im Alter wesentlich geringere Einnahmen hat, also beispielsweise lediglich Rente bezieht, überwiegt der Vorteil aus der Einzahlungsphase.

Kosten und Risiken

Die Anlage vermögenswirksamer Leistungen in Produkten zur betrieblichen Altersvorsorge ist teils kompliziert und mit unerwarteten Kosten und Risiken verbunden.

Unkündbarkeit

Das größte Manko, das allerdings viele nicht kennen, ist die Tatsache, dass Sie diese Verträge nicht vorzeitig[74] kündigen können, sobald Sie den Vorteil der Entgeltumwandlung auch nur einmal genutzt haben. Konkret bedeutet das, dass der Vertrag in der Regel direkt unkündbar wird, sobald auch nur ein Cent unter Ausnutzung des oben genannten Steuervorteils in den Vertrag geflossen ist. Dafür sind steuerrechtliche Gründe verantwortlich. Wenn Sie also plötzlich in eine finanzielle Notlage kommen, haben Sie im Normalfall keine Möglichkeit, vorzeitig an ihr Geld zu kommen. Sie können diese Verträge dann höchstens noch beitragsfrei stellen lassen.

Nachgelagerte Besteuerung

Dem Steuervorteil in der Einzahlungsphase steht aber auch ein Steuernachteil im Alter entgegen, denn die Auszahlungen im Alter sind voll steuer- und sozialversicherungspflichtig. Bei der Sozialversicherung ist dann auch so-

74 Also vor Erreichen des Rentenalters

wohl der Arbeitnehmeranteil[75], als auch der Arbeitgeberanteil[76] von Ihnen zu entrichten. Ob und wie hoch die Zahlungen im Alter dann sind, hängt von ihrer Rentenhöhe und anderen Einnahmen im Alter, sowie den weiteren Entwicklungen der entsprechenden Rechtsgrundlagen ab.

Sozialabgaben

Wenn man nur eine kleine Betriebsrente anspart, so sollte man die voraussichtlichen monatlichen Rentenzahlungen im Auge behalten. Liegen diese über der sogenannten Geringfügigkeitsgrenze von zur Zeit 152,-€ pro Monat, so besteht meist eine Beitragspflicht zur gesetzlichen Kranken- und Pflegeversicherung. Das kann vor allem bei kleinen Betriebsrenten, die knapp über dieser Grenze liegen, zu sehr schmerzhaften Einbußen führen. Falls Sie also ein paar Jahre vor Rentenbeginn merken, dass Sie in die Nähe dieser Grenze kommen, ist es meist günstiger, die Einzahlungen in die betriebliche Altersvorsorge zu stoppen und die bislang dafür verwendeten vermögenswirksamen Leistungen anderweitig zu investieren.

Verminderung der Höhe der gesetzlichen Rente

Dadurch, dass die Einzahlungen nicht sozialversicherungspflichtig sind, vermindern sich ihre Einzahlungen in die Rentenkasse entsprechend. Dieser Effekt ist zumindest im Fall der vermögenswirksamen Leistungen aber normalerweise nicht sehr groß.

Anrechnung auf die Grundsicherung

Sollten Sie im Alter Grundsicherung beziehen, so kann es laut aktuellem Stand sein, dass ein Teil auf die Grundsicherung angerechnet wird. Aktuell sind 100,-€ im Monat frei, werden also komplett nicht angerechnet[77]. Von den darüber hinausgehenden Beträgen bleiben 30% anrechnungsfrei, die restlichen 70% werden allerdings voll auf die Grundsicherung angerechnet. Es gibt aber auch eine Obergrenze für anrechnungsfreie Beträge. So bleibt insgesamt auch nur ein Betrag von höchstens 50% der Regelbedarfsstufe 1 anrechnungsfrei.

---

75 Der Anteil, den Sie als Arbeitnehmer sowieso immer zahlen
76 Der Anteil, den sonst normalerweise ihr Arbeitgeber zahlt
77 § 82 Abs. 4, SGB XII

Pensionsfonds

Da Pensionsfonds höhere Risiken eingehen können, als die anderen Möglichkeiten betrieblicher Altersvorsorge, steht der höheren Renditechance bei Pensionsfonds auch ein entsprechend höheres Verlustrisiko entgegen. Bei deutschen Pensionsfonds ist das Verlustrisiko (aber damit auch die Renditechance) etwas geringer als bei ausländischen Pensionsfonds, da deutsche Pensionsfonds der Überwachung durch die BaFin unterliegen[78].

Staatliche Förderung

Die staatliche Förderung besteht im Fall der betrieblichen Altersvorsorge nicht in einem Zuschuss, wie zum Beispiel beim Bau- oder Fondssparen, sondern in der Befreiung der Einzahlungsbeträge von Steuern und Sozialabgaben. Allerdings entfällt für die in die betriebliche Altersvorsorge gesteckten vermögenswirksamen Leistungen der sonst bei Geringverdienern (unter 2.200,-€/Monat zu versteuerndem Einkommen) gewährte bAV-Förderung gemäß §100 EStG[79]. Zudem gilt eine Höchstgrenze von 4.400,-€/Jahr für den steuerfreien Freibetrag von Zahlungen in die betriebliche Altersvorsorge.

Fazit

Die Verwendung vermögenswirksamer Leistungen für die betriebliche Altersvorsorge kann eine sinnvolle Absicherung der Einnahmen im Alter darstellen.

Interessant ist eine betriebliche Altersvorsorge im folgenden Fall:

✔ **Wenn man keinen Anspruch auf staatliche Förderung hat und die spätere Rente aufstocken kann**

Für das Alter vorzusorgen ist generell empfehlenswert. Versuchen Sie abzuschätzen, wie ihre Einnahmesituation im Alter sein wird, ziehen Sie eventuell einen Fachmann zur Rentenberatung hinzu. Sollten Sie dann auch noch voraussichtlich jahrelang auf das Geld verzichten können, so käme auch die Anlage von vermögenswirksamen Leistungen in einer betrieblichen Altersvorsorge in Betracht. Je nach gewählter Vertragsart gibt es hier auch höhere Renditen. Hierbei sollten Sie

78 § 236 Abs. 4, VAG
79 BMF, Schreiben vom 08.08.2019, Az. IV C 5 – S 2333/19/10001

aber immer auf der sicheren Seite bleiben, mit den gegebenen Mindestgarantien rechnen und unnötige Risiken vermeiden.

Uninteressant ist eine betriebliche Altersvorsorge in den folgenden Fällen:

✗ **Wenn man im Alter wahrscheinlich Grundsicherung bezieht und dann ein größerer Anteil der Leistungen angerechnet würde**

Vor Schicksalsschlägen ist leider niemand gefeit. Wenn Sie aber jetzt bereits schon wissen, dass Sie später von Grundsicherung abhängig sein werden, sollten Sie genauer hinschauen. Beträgt die Zusatzrente monatlich weniger als 100,-€, so bleibt dieser Betrag anrechnungsfrei und Sie müssen sich nach der aktuellen Rechtslage[80] keine großen Sorgen machen. Übersteigt die Rente aus ihrer betrieblichen Altersvorsorge allerdings diesen Betrag, so wird ein immer größerer Anteil mit der Grundsicherung verrechnet.

✗ **Falls im Alter voraussichtlich höhere Einnahmen anstehen**

Stehen im Alter voraussichtlich höhere Einnahmen als heute an, so kann es passieren, dass die Belastungen aus Steuern und Sozialversicherungen im Alter höher, als während der Einzahlung sind. Dies ist aber eher seltener der Fall. Ein Beispiel wäre, wenn Sie in ein paar Jahren voraussichtlich vermietete Immobilien, oder Kapitalanlagen erben würden und dadurch als Rentner höhere Mieteinnahmen oder Kapitalerträge als heute hätten.

✗ **Wenn Sie sich nicht sicher sind, ob Sie die angesparten Beträge nicht doch noch in den nächsten Jahren benötigen könnten**

Die faktische Unkündbarkeit dieser Verträge vor dem Erreichen des festgelegten Rentenalters macht es Ihnen unmöglich, vorher an dieses Geld zu kommen. Das ist zum Einen für viele Anleger überraschend, bzw. unverständlich und zum Anderen leider auch frustrierend. Sobald Sie den Steuervorteil durch die Entgeltumwandlung auch nur für einen einzigen Cent genutzt haben, können Sie die betroffenen Verträge nicht mehr ordentlich kündigen, sondern höchstens beitragsfrei stellen lassen, die eingezahlten Beträge bleiben gesperrt.

---

80 Vorsicht, es handelt sich je nach ihrem Alter um sehr langfristige Verträge, die Rechtslage kann sich ändern!

Lebensversicherungsverträge

Mit Lebensversicherungsverträgen können Sie ihre Hinterbliebenen gegen Kosten im Zusammenhang mit ihrem Tod absichern. Es gibt Risikolebensversicherungen, sowie kapitalgedeckte und fondsgebundene Lebensversicherungen.

Besonderheiten

Man sollte bei Lebensversicherungen auf bestimmte Punkte achten. Wenn Sie Kinder, Angehörige oder Partner zu versorgen haben, so sollten Sie dafür sorgen, dass die Versicherungssumme ausreicht, diese unter Umständen mehrere Jahrzehnte lang weiter zu versorgen. Achten Sie auch darauf, dass ein eventuell noch laufendes Darlehen für die eigenen vier Wände mit der Versicherungssumme bedient werden kann. Ein bewährter Richtwert für die Versicherungssumme ist das Drei- bis Fünffache ihres Jahresbruttogehaltes. Die Laufzeit der Versicherung sollte bis kurz vor dem Ende des Arbeitslebens gehen. Individuell können aber auch andere Versicherungssummen und Laufzeiten Sinn machen.

Gesundheitszustand

Gängige Praxis ist, dass die Versicherer bei Lebensversicherungen Ihnen schriftlich Fragen zu ihrem Gesundheitszustand stellen. Dabei werden Fragen zu Vorerkrankungen und Allergien, sowie häufigen Arztbesuchen gestellt. Verheimlichen oder Beschönigen sollte man hier nichts, damit riskiert man nämlich den Versicherungsschutz und somit die Versorgung der eigenen Angehörigen. Zudem wird oft auch eine Genehmigung, das die Versicherung einen Bericht des Hausarztes einholen kann, von Ihnen eingefordert. Bei sehr hohen Versicherungssummen verlangen Versicherer sogar die Einholung eines ärztlichen Gutachtens zu ihrem Gesundheitsstatus. Haben Sie relevante Vorerkrankungen, oder sind Sie Raucher, erhalten Sie entweder keinen Vertrag, oder müssen Risikozuschläge bezahlen.

Achten Sie auf eine Nachversicherungsgarantie, dann brauchen Sie für eine Änderung der Versicherungssumme keine neue Gesundheitsprüfung.

Arten von Lebensversicherung

Je nachdem, ob nur es sich um eine reine Versicherung des Risikos, oder um einen Vertrag mit zusätzlicher Kapitalbildung handelt, kann man Lebensversicherungen wie folgt unterscheiden:

Risikolebensversicherungen

Risikolebensversicherungen sind klassische Versicherungen. Sie zahlen die Prämien, dafür übernimmt der Versicherer die vereinbarten Zahlungen im Todesfall.

Kapitalgedeckte Lebensversicherungen

Kapitalgedeckte Lebensversicherungen hingegen haben einen zusätzlichen Sparanteil. Neben den Prämien für den Versicherungsschutz im Todesfall sparen Sie einen Anteil der Zahlungen für die Versorgung im Alter an. Es gibt für das eingezahlte Kapital eine Mindestverzinsung. Allerdings ist diese Mindestverzinsung in den letzten Jahren auf ein sehr niedriges Niveau gesenkt worden. Zudem darf nur ein bestimmter Anteil des Kapitals in risikobehaftete Anlagen wie Aktien investiert werden. Diese Sicherheit geht aber auf Kosten der Rendite.

Fondsgebundene Lebensversicherungen

Fondsgebundene Lebensversicherungen haben genau wie die kapitalgedeckte Variante einen Sparanteil für die Versorgung im Alter. Allerdings gibt es hier keine Mindestverzinsung. Das Kapital wird meist in Aktien- oder Rentenfonds investiert. Es gibt aber auch einzelne Tarife mit günstigen Indexfonds. Durch die geringeren Kosten dieser Fonds steigt dann auch die mögliche Rendite. Die Erträge sind bei fondsgebundenen Produkten aber generell unsicher, es können durchaus auch Verluste auftreten.

Chancen und Rendite

Versicherungsverträge sichern gegen Risiken ab. Daher liegt der Fokus hier auf der Absicherung der Angehörigen für den eigenen Todesfall und nicht auf der Vermögensbildung. Das ist halt einfach nicht der Zweck einer Versicherung. Aus diesem Grund sind hier auch leider keine großen Renditen zu erwarten. Bei kapitalgedeckten Lebensversicherungen gibt es eine Mindestverzinsung, bei der fondsgebundenen Variante nicht. Bei Altverträgen kapitalgedeckter Versicherungen gibt es teils noch eine recht hohe Mindestverzinsung von bis zu 4%, diese Verträge sollte man soweit möglich halten und eventuell die Einzahlungen aufstocken, falls das laut Vertrag möglich ist.

Bei den meisten Verträgen bieten die Versicherungen zudem an, die Versicherungssumme auch noch zu Lebzeiten auszuzahlen, sobald eine schwere Krankheit mit tödlichem Verlauf diagnostiziert wurde.

Kosten und Risiken

Das Ausfallrisiko durch Insolvenz des Versicherers ist hier eher gering. Die Lebensversicherer mit Sitz in Deutschland sind Pflichtmitglieder in einem entsprechenden, von der BaFin überwachten Sicherungsfonds[81].

Bei Risikolebensversicherungen haben Sie also nur ein minimales Risiko. Auch die Kosten halten sich normalerweise im Rahmen.

Bei Kapitalgedeckten und Fondsgebundenen Lebensversicherungen nagen Verwaltungskosten an der Rendite. Neben Kosten für die Fonds- oder Kapitalverwaltungen fallen hier nämlich auch noch zusätzliche Verwaltungskosten der Versicherungsgesellschaft an. Teuer wird es auch, falls Sie das eingezahlte Kapital dringend vor Ablauf des Vertrages benötigen. Bei vorzeitiger Kündigung müssen Sie meist mit kräftigen Abschlägen rechnen. Lassen Sie sich bei Kapitalgedeckten Lebensversicherungen auch nicht von zu hohen Renditeerwartungen ködern. In den letzten Jahren wurden diese nicht zuletzt wegen der hohen Kosten dieser Versicherungen oft bitter enttäuscht[82]. Bei sehr hohen Kosten sind durchaus auch Verluste trotz Garantiezins möglich[83].

81 §§ 221 ff., VAG
82 „Lebensversicherung – das Beste draus machen“ Finanztest 02/2016
83 „Lebensversicherung – Garantiert weniger Geld“ Finanztest 01/2015

Staatliche Förderung

Für Lebensversicherungen gibt es leider keine staatlichen Zulagen.

Risikolebensversicherungen können allerdings in der Steuererklärung abgesetzt werden, da sie als Vorsorgeaufwand gelten.

Kapitalgedeckte und fondsgebundene Lebensversicherungen hingegen sind nur absetzbar, wenn Sie vor 2005 abgeschlossen wurden. Der Grund dafür ist ganz einfach, dass diese Lebensversicherungen nicht nur alleine der Vorsorge für den Todesfall dienen, sondern zusätzlich auch der Vermögensbildung dienen. Bis 2005 war man der Ansicht, dass dieser Zweck auch der Vorsorge diene. Dann änderte sich aber die Sichtweise der Finanzbehörden. Mittlerweile gelten diese Verträge nur noch als Kapitalanlage. Die Absetzbarkeit ist daher für nach 2005 geschlossene Verträge abgeschafft worden.

Die Kapitalauszahlungen sind meist steuerpflichtig (je nach Vertrag einkommensteuer- oder kapitalertragsteuerpflichtig). Lediglich Altverträge (vor 2005 abgeschlossen) sind meist komplett steuerfrei.

Fazit

Lebensversicherungsverträge sind etwas für Sie, wenn Ihnen die Absicherung ihrer Angehörigen im eigenen Todesfall wichtig ist. Dies kann sich lohnen, denn auch mit kleineren monatlichen Beträgen können Sie ihr Leben hoch versichern und den Unterhalt ihrer Angehörigen für den Fall ihres Todes sicher stellen. Sind Sie allerdings Single und müssen keine Angehörigen versorgen, macht eine solche Versicherung meist wenig Sinn. Auch zur Kapitalanlage sind Lebensversicherungen nicht zu empfehlen. Die relativ hohen Verwaltungskosten und die hohen Abschläge bei vorzeitiger Kündigung machen die Kombination aus Versicherung und Kapitalanlage relativ unattraktiv.

Wenn Sie sowohl Versicherungsschutz als auch Kapitalanlage möchten, empfiehlt es sich, zwei getrennte Verträge abzuschließen, eine Risikolebensversicherung und zum Beispiel einen davon unabhängigen Fonds- oder Banksparplan. Damit sparen Sie unnötige Kosten, können eventuell auch von der Arbeitnehmersparzulage profitieren und bleiben zudem auch noch flexibler.

Genossenschaften

Das Anlegen vermögenswirksamer Leistungen in Genossenschaften ist eine eher selten genutzte Anlagemöglichkeit. Das liegt vor Allem auch daran, dass Genossenschaften die Förderung ihrer Mitglieder und nicht den Vermögensaufbau zum Zweck haben.

Besonderheiten

Genossenschaften sind Unternehmensmodelle, bei denen sich mehrere Personen zu einem bestimmten Zweck zusammenschließen. Für die Anlage in, bzw. bei Genossenschaften ist meist eine Mitgliedschaft in der entsprechenden Genossenschaft notwendig. Aus der historischen Entwicklung heraus sind Genossenschaften sehr frei und unreguliert in ihrer Ausgestaltung.

Bei manchen Genossenschaften können Sie vermögenswirksame Leistungen nur in Sparverträge anlegen, bei anderen hingegen können Sie mit vermögenswirksamen Leistungen auch Genossenschaftsanteile erwerben. Staatliche Förderung können Sie oft nur beim Erwerb von Anteilen bekommen. Reine Sparverträge werden meist nicht staatlich gefördert.

Sperrfrist

Ebenso wie bei den Fondssparplänen und Banksparplänen müssen Sie 6 Jahre einzahlen und dann den Vertrag bis zum Jahreswechsel ruhen lassen. Sofern Sie Anrecht auf die Arbeitnehmersparzulage haben, wird diese dann anschließend gewährt. Wenn Sie die Genossenschaft wieder verlassen wollen, so denken Sie daran rechtzeitig zu kündigen, Genossenschaftsanteile werden meist nur an bestimmten Zeitpunkten und nach Ablauf bestimmter im Vertrag vereinbarter Fristen ausgezahlt.

Anlagearten

In Genossenschaften können Sie auf zwei Arten investieren. Entweder in einen Sparvertrag, oder in Genossenschaftsanteile.

Bei einem Sparvertrag bekommen Sie keine Arbeitnehmersparzulage, sind aber im Falle von Zahlungsschwierigkeiten meist besser gestellt, als ein Genosse mit seinen Genossenschaftsanteilen.

Im Falle des Erwerbs von Genossenschaftsanteilen werden Sie Genosse, also selbst zum Unternehmer. Sie erwerben im Normalfall ein Mitspracherecht, tragen aber auch das Unternehmerrisiko. Im Fall einer Insolvenz kann es zum Totalverlust, eventuell auch mit Nachschusspflicht kommen. Beim Erwerb von Genossenschaftsanteilen besteht eventuell ein Anrecht auf die Arbeitnehmersparzulage.

Genossenschaftsarten

Ich möchte Ihnen kurz die gängigsten Genossenschaftsmodelle vorstellen. Die ersten beiden der genannten Genossenschaftsarten sind meist relativ bekannt und richten ihr Angebot breit an alle Personengruppen. Die anderen Genossenschaftsarten finden sich vor allem im Landwirtschaftssektor, oder im Handel. Es sind aber auch Genossenschaften für andere Zwecke denkbar.

Genossenschaftsbanken

Die wohl bekanntesten Genossenschaften, hierzu zählen zum Beispiel die Volks- und Raiffeisenbanken. Zweck ist hier die Finanzierung und das Abwickeln von Bankgeschäften der Genossenschaftsmitglieder.

Wohnungsbaugenossenschaften

Neben Kreditgenossenschaften sind vor allem Wohnungsbaugenossenschaften bekannt. Zweck dieser Genossenschaften ist die Schaffung und Verwaltung von Wohnraum, der dann meist auch exklusiv nur den Genossenschaftsmitgliedern zur Miete angeboten wird.

Einkaufsgenossenschaften

Einkaufsgenossenschaften werden gebildet um den Genossenschaftsmitgliedern bessere Einkaufskonditionen zu verschaffen, oder das Handling bei der Beschaffung zu zentralisieren.

Betriebs- und Produktionsgenossenschaften

Diese Genossenschaften helfen den Genossenschaftsmitgliedern bei ihrem geschäftlichen Betrieb. Entweder Sie beschaffen und unterhalten teure Geräte und Maschinen, um Sie dann den Genossenschaftsmitgliedern zur Verfügung zu stellen (Betriebsgenossenschaft), oder Sie übernehmen und zentralisieren komplette Teile des Produktionsprozesses für die Genossenschaftsmitglieder (Produktionsgenossenschaft).

Verkaufs- und Absatzgenossenschaften

Diese Genossenschaften werden zum Zweck der gemeinschaftlichen Absatz der Produkte der Genossenschaftsmitglieder gebildet. Die Genossenschaften sollen dann meist den Verkaufsprozess übernehmen und es sollen bessere Verkaufskonditionen erreicht werden.

Grundsätzlich kommen theoretisch alle diese Genossenschaftsarten in Betracht, allerdings kann man vermögenswirksame Leistungen in der Praxis fast nur in Wohnungsbaugenossenschaften anlegen.

Chancen und Rendite

Die Chancen liegen hier darin, dass die Genossenschaft lukrativ wirtschaften und neben dem Nutzen für die Genossenschaftsmitglieder einen entsprechend guten Gewinn erzielen könnte. Die Spanne geht hier aber, wie bei anderen Gesellschaftsformen auch, von unrentabel bis lukrativ.

Bei Wohnungsbaugenossenschaften erhalten Sie meist die Aussicht auf eine bezahlbare und dauerhaft nutzbare Wohnung (teils sogar mit lebenslangem Wohnrecht) zu einer im marktüblichen Vergleich oft niedrigeren Miete, sowie eine gute Rendite. Zudem wirtschaften seriöse Anbieter zu Gunsten der beteiligten Genossenschaftsmitglieder und sind nicht primär gewinnorientiert.

Zudem haben Sie als Genossenschaftsmitglied bei seriösen Genossenschaften ein Mitspracherecht auf den Genossenschaftsversammlungen und können sich aktiv an den Entscheidungen beteiligen.

Kosten und Risiken

Genossenschaften haben bei uns traditionell ein großes Vertrauen. Wir kennen diese Unternehmensform von Genossenschaftsbanken und Agrargenossenschaften, beides normalerweise seriöse Geschäftsmodelle. Daher denken viele Menschen, dass Genossenschaften generell seriöse und sichere Konstrukte sind. Dem ist aber leider nicht so. Genossenschaften sind rechtlich weit weniger geregelt, als zum Beispiel Aktiengesellschaften oder GmbHs. Lediglich die Genossenschaftsbanken werden streng kontrolliert, die meisten anderen Genossenschaften müssen nur gemäß Genossenschaftsgesetz Mitglied in einem Prüfungsverband sein und sich von diesem prüfen lassen. Diese Prüfungsverbände sind aber keine staatlichen Organe, sondern oft lediglich privatwirtschaftliche Vereine.

Durch die relativ geringe Regulierung sind die Anbieter bei der vertraglichen Ausgestaltung sehr viel freier. Eben diese fehlende Kontrolle kann von schwarzen Schaffen genutzt werden, denn dadurch ist es den Anbietern möglich, für die Anleger relativ ungünstige Vertragsbedingungen zu vereinbaren. Die Verbraucherzentrale Hamburg hat mehrere Anbieter unter die Lupe genommen und dabei einige Stolpersteine in den Vertragsbedingungen identifiziert[84]. Hier fanden sich zum Beispiel sehr hohe Gebühren, teils mehrjährige Kündigungsfristen, Nachrangregelungen und Regelungen zu Nachschusspflichten der Einlagen, die allesamt recht teuer werden könnten.

Oft ist für die Aufnahme in die Genossenschaft eine Aufnahmegebühr in der Satzung festgelegt. Den Preis der Genossenschaftsanteile legt die Genossenschaft ebenfalls selbst fest. Die Werthaltigkeit müssen Sie selbst beurteilen, was für den Anleger meist nicht einfach ist. Mit dem Erwerb von Genossenschaftsanteilen werden Sie Miteigentümer der Genossenschaft, mit allen Chancen und Risiken. Sie tragen auch das Unternehmerrisiko, das heißt im Falle einer Insolvenz droht der Totalverlust.

Sollten Sie ihr Geld dringend brauchen, so müssen Sie bei Genossenschaften oft lange warten. Meist werden die Anteile nur zu bestimmten Zeitpunk-

84 „Genossenschaften: Nicht alles Gold was glänzt“, Publikation der Verbraucherzentrale Hamburg vom 25.03.2019

ten, meist nach der nächsten Genossenschaftsversammlung ausgezahlt. Auch findet man teils noch längere Mindestanlagezeiten. Näheres steht im Genossenschaftsvertrag.

Prüfen Sie bei Genossenschaften sehr genau die Satzung, den Genossenschaftsvertrag und die wirtschaftliche Situation, bevor Sie beitreten oder einen Sparvertrag abschließen. Holen Sie, falls möglich, Rat bei einer Verbraucherzentrale ein!

Staatliche Förderung

Genossenschaftssparen wird nur unter bestimmten Bedingungen staatlich gefördert. Ist der Gegenstand ihres Vertrages der Erwerb von Genossenschaftsanteilen, oder eventuell auch Wohneigentum, so könnte ein Anspruch auf die Arbeitnehmerpauschale bestehen. Allgemein lässt sich das aber nicht sagen. Ob staatliche Förderung möglich ist, sollten Sie vorab mit ihrem Steuerberater abklären.

Arbeitnehmersparzulage

Die Arbeitnehmersparzulage wird beim Kauf von Genossenschaftsanteilen in Höhe von 20% der eingezahlten vermögenswirksamen Leistungen eines Kalenderjahres gewährt. Dabei gilt eine Obergrenze von 400,-€ (bzw. 800,-€ bei 2 verheirateten Arbeitnehmern) für die Berechnung. Das heißt, man kann jährlich maximal 80,-€ (bzw. 160,-€) Arbeitnehmersparzulage erhalten. Nach der Sperrfrist werden die Beträge dann dem Verrechnungskonto gutgeschrieben. Zusätzlich gelten Einkommensgrenzen für das zu versteuernde Einkommen. Diese liegen bei 20.000,-€ für Ledige und 40.000,-€ für verheiratete Paare. Das hört sich im ersten Moment wenig an, das maßgebliche Einkommen kann aber durch abzugsfähige Kosten und Freibeträge stark von Ihrem Bruttoeinkommen abweichen. Beim Erwerb von Genossenschaftsanteilen ist die Arbeitnehmersparzulage nicht zweckgebunden, Sie können nach Ablauf der Sperrfrist und Auszahlung frei über ihre Anteile und die Zulage verfügen.

Wohnungsbauprämie

Die Wohnungsbauprämie können Sie für bestimmte Verträge zum Erwerb von Anteilen an Wohnungsbaugenossenschaften bekommen. Sie beträgt ab 2021 10% der eingezahlten vermögenswirksamen Leistungen, die nicht schon für die Arbeitnehmersparzulage herangezogen wurden. Hier gilt eine Unter-, sowie eine Obergrenze. Mindestens müssen Sie 50,-€ pro Jahr vermögenswirksame Leistungen in den Vertrag einzahlen, um die Wohnungsbauprämie zu erhalten[85]. Maximal gefördert werden 700,-€ (Ledige) und 1.400,-€ (verheiratete Paare). Dementsprechend bekäme man bis zu 70,-€ (bzw. bis zu 140,-€) Prämie pro Jahr. Die Einkommensgrenzen liegen hier höher als bei der Arbeitnehmersparzulage. So liegt diese Grenze hier bei 35.000,-€ für Ledige und 70.000,-€ für verheiratete Personen. Auch sind wieder Freibeträge, sowie abzugsfähige Kosten zu berücksichtigen, so dass man hier auch durchaus mehr verdienen kann, ohne die Förderung zu verlieren.

Fazit

Seriöse Wohnungsbaugenossenschaften bieten attraktive Renditen und die Möglichkeit, Wohnraum günstig und ohne die Gefahr einer Eigenbedarfskündigung zu mieten. Daneben gibt es die Möglichkeit auch auf andere Arten in Genossenschaften zu investieren. Einige Genossenschaften bieten zum Beispiel attraktiv verzinste Sparverträge, wobei diese Angebote oft regional begrenzt sind und/oder nur Genossenschaftsmitgliedern zur Verfügung stehen.

Falls man sich für diese Anlagemöglichkeit interessiert, sollte man sich aber auch der Gefahren bewusst werden, die hier lauern. Da Genossenschaften nur relativ geringer staatlicher Kontrolle unterliegen, muss man schon sehr genau hinschauen, ob man ein seriöses oder unseriöses Produkt vor sich hat. Schwarze Schafe haben gerade bei Genossenschaften leichtes Spiel, hier können sehr teure Stolpersteine im Vertragstext lauern. Lassen Sie sich nicht von übertriebenen Renditeversprechen locken. Überprüfen Sie das Angebot und den Vertragstext ganz genau. Achten Sie dabei auf Stolpersteine, wie zum Beispiel extrem lange Kündigungsfristen, Nachschusspflichten, Insolvenzregelungen und Ähnliches. Prüfen Sie, ob Sie als Genosse auch ein Mitspracherecht haben. Haben Sie kein Mitspracherecht, sollten Sie vorsichtig sein. Lassen Sie sich im Zweifel von einer Verbraucherzentrale beraten und halten sie Ausschau nach seriösen Anbietern, die Sie kennen (zum Beispiel städtische Wohnungsbaugenossenschaften).

85 Falls Sie keinen Anspruch auf die Arbeitnehmersparzulage haben, oder diese nicht beantragen reichen dann auch schon 50,-€ pro Jahr.

Beteiligung am Unternehmenserfolg des Arbeitgebers, sowie andere Beteiligungen oder Wertpapiere

In manchen Betrieben ist es möglich, vermögenswirksame Leistungen in der Form von Unternehmensbeteiligungen zu erhalten. Dabei handelt es sich um eine exotische VL-Variante, da diese eher selten angeboten wird. Ähnlich einem Fondssparplan legen Sie ihr Geld in Unternehmen an, jedoch nicht wie bei Fonds in vielen Unternehmen, sondern meist lediglich in einem.

Dabei gibt es bei dieser VL-Variante eine große Bandbreite von Möglichkeiten, wie diese ausgestaltet werden kann. Neben Unternehmensbeteiligungen in Form von beispielsweise GmbH-Anteilen kann man auch Genussscheine, Wandelschuldverschreibungen, oder andere Beteiligungen erwerben.

Sperrfrist

Ebenso wie bei den Fondssparplänen müssen Sie 6 Jahre einzahlen und dann den Vertrag bis zum Jahreswechsel ruhen lassen. Sofern Sie Anrecht auf die Arbeitnehmersparzulage haben, wird diese dann anschließend gewährt.

Vertragsarten

Man kann diese Anlageform in vielen Varianten ausgestalten. Generell ist es möglich, sowohl einmalige Anlagen von vermögenswirksamen Leistungen, als auch laufende Zahlungen zu vereinbaren.

Die gängigsten Möglichkeiten, vermögenswirksame Leistungen in Unternehmen des Arbeitgebers oder auch anderen Unternehmen direkt zu investieren, sind hierbei die folgenden Vertragsarten:

Wertpapier-Kaufvertrag

Beim Wertpapier-Kaufvertrag schließen Sie einen Vertrag mit ihrem Arbeitgeber, in dem Sie den Kauf von Wertpapieren vereinbaren. Dabei muss es sich nicht unbedingt nur um Wertpapiere des Unternehmens ihres Arbeitgebers handeln, wesentlich ist lediglich, dass dieser Vertrag zwischen Arbeitgeber und Arbeitnehmer als Vertragspartner geschlossen wird. Denkbar ist demnach auch der Kauf von Wertpapieren anderer Unternehmen.

Beteiligungs-Kaufverträge und Beteiligungsverträge

Diese Vertragsvariante müssen Sie nicht unbedingt mit ihrem Arbeitgeber schließen, es gibt auch die Möglichkeit des Abschlusses solcher Verträge mit Dritten, also anderen Unternehmen. Hierbei vereinbaren Sie den Erwerb von Gesellschaftsbeteiligungen in der Form von zum Beispiel GmbH-Anteilen, Genossenschaftsanteilen, stillen Beteiligungen, Beteiligungen an Mitarbeitergesellschaften, sowie Darlehensforderungen und Genussrechten mit den vermögenswirksamen Leistungen.

Der Unterschied zwischen Beteiligungsverträgen und Beteiligungs-Kaufverträgen liegt einfach darin, dass bei Beteiligungs-Kaufverträgen bereits bestehende Beteiligungen gekauft werden, bei Beteiligungsverträgen erwerben Sie neu geschaffene Beteiligungen.

Chancen und Rendite

Die Rendite ist stark von der wirtschaftlichen Stärke und Leistungsfähigkeit des Unternehmens abhängig. Dazu treten konjunkturelle Schwankungen.

Kosten und Risiken

Die Risiken sind, wie die Rendite auch, sehr von der wirtschaftlichen Stärke und Leistungsfähigkeit des Unternehmens abhängig. Diese sind mittel- bis langfristig meist ungewiss und unterliegen ebenfalls konjunkturelle Schwankungen. Daher besteht auch ein sehr hohes Verlustrisiko. Geht die Firma Pleite, so haben Sie mit diesen Beteiligungen meist nur nachrangige Forderungen, das heißt, bevor Sie an der Reihe sind, werden zuerst andere Forderungen beglichen. So kann es sogar zu einem Totalverlust kommen.

Staatliche Förderung

Bei diesen Beteiligungen und Wertpapierkäufen besteht die Möglichkeit, die Arbeitnehmersparzulage erhalten. Dies hängt aber von der jeweiligen Anlageform ab. Klären Sie im Zweifel vorher ab, ob die von Ihnen gewählte Anlageform auch förderfähig ist.

Arbeitnehmersparzulage

Die Arbeitnehmersparzulage wird in Höhe von 20% der eingezahlten vermögenswirksamen Leistungen eines Kalenderjahres gewährt, wenn der Vertrag die gesetzlichen Vorgaben für die Gewährung erfüllt. Dabei gilt eine Obergrenze von 400,-€ (bzw. 800,-€ bei 2 verheirateten Arbeitnehmern) für die Berechnung. Das heißt, man kann jährlich maximal 80,-€ (bzw. 160,-€) Arbeitnehmersparzulage erhalten. Nach der Sperrfrist werden die Beträge dann dem Verrechnungskonto gutgeschrieben. Zusätzlich gelten Einkommensgrenzen für das zu versteuernde Einkommen. Diese liegen bei 20.000,-€ für Ledige und 40.000,-€ für verheiratete Paare. Das hört sich im ersten Moment wenig an, das maßgebliche Einkommen kann aber durch abzugsfähige Kosten und Freibeträge stark von dem Bruttoeinkommen abweichen. Bei einer Anlage der vermögenswirksamen Leistungen in diesen Beteiligungen ist die Arbeitnehmersparzulage nicht zweckgebunden, Sie können nach Ablauf der Sperrfrist und Auszahlung frei über ihre Anteile, bzw. Wertpapiere und die Zulage verfügen.

Fazit

Wählen sie diese Anlageform nur, wenn Sie das Unternehmen, in das Sie investieren möchten, sehr gut kennen und von dessen Erfolg überzeugt sind. Es handelt sich hierbei um eine relativ riskante Anlage: Einer eventuell hohen Renditechance steht hier die Gefahr hoher Verluste entgegen. Informieren Sie sich so gut es Ihnen möglich ist und wägen Sie das erhöhte Risiko gegen eine reelle Renditeerwartung ab, bevor Sie diese Anlageform wählen.

Auswahl der richtigen Anlageart

Je nachdem, welche Ziele Sie verfolgen, gibt es verschiedene Wege, diese zu erreichen. Einen Überblick zum Vergleich finden Sie hier, die ausführlichen Beschreibungen finden Sie in den vorhergehenden Kapiteln.

Vermögensaufbau

Um mit vermögenswirksamen Leistungen einen finanziellen Grundstock aufzubauen, gibt es die folgenden Möglichkeiten:

- ✔ **Fondssparplan**

  Vorteil: hohe Renditechancen, staatliche Förderung möglich

  Nachteil: hohes Risiko, Verluste möglich

- ✔ **Banksparplan/Geldsparplan**

  Vorteil: hohe Sicherheit, moderate Zinsen, sehr gut planbar

  Nachteil: keine staatliche Förderung

- ✔ **Bausparen als Sparvertrag**

  Vorteil: hohe Sicherheit, staatliche Förderung möglich

  Nachteil: unflexibles Produkt, unterdurchschnittliche Verzinsung, hohe Gebühren, staatliche Förderung nur mit Zweckbindung (siehe weiter oben: „wohnwirtschaftliche Verwendung“)

- ✔ **Genossenschaften**

  Vorteil: hohe Renditechancen, staatliche Förderung möglich

  Nachteil: unflexibel, oft nur regionale begrenzte Angebote, beziehungsweise Angebote nur für Mitglieder, hohe Gefahr durch unseriöse Angebote

- ✔ **Beteiligungen beim Arbeitgeber/andere Wertpapiere**

  Vorteil: hohe Renditechance, staatliche Förderung möglich

  Nachteil: hohes Risiko, Verluste möglich, nur sehr wenige Angebote

Die eigenen vier Wände

Um in Wohnraum zu investieren, empfehlen sich die folgenden Wege:

- ✔ **Bausparen**

  Vorteil: zinsgünstiges Darlehen, staatliche Förderung möglich

  Nachteil: kompliziertes und unflexibles Produkt, magere Verzinsung in der Sparphase, hohe Gebühren

- ✔ **Baudarlehen tilgen**

  Vorteil: hohe Rendite durch eingesparte Zinsen bei gleichzeitig hoher Sicherheit, schnellere Schuldentilgung, staatliche Förderung möglich

  Nachteil: von der Zustimmung des Darlehensgebers abhängig

- ✔ **Anteile einer Wohnungsbaugenossenschaft mit Nutzungsrecht**

  Vorteil: hohe Renditechance, staatliche Förderung möglich, Erwerb von Rechten an Wohnraum der Genossenschaft möglich

  Nachteil: unflexibel, oft nur regionale begrenzte Angebote, beziehungsweise Angebote nur für Mitglieder, Gefahren durch unseriöse Anbieter

- ✔ **Vermögensaufbau (siehe weiter oben)**

  Vorteil: Flexibilität bezüglich der späteren Verwendung, je nach Anlageart staatliche Förderung möglich

  Nachteil: lediglich Vermögensaufbau, es werden meist keine Anrechte bezüglich Wohnraum oder Darlehen erworben

Falls Sie sich nicht sicher sind, ob Sie später wirklich in die eigenen vier Wände investieren wollen, ist es meist sinnvoller, zuerst Vermögen aufzubauen, das man später auch flexibel für andere Zwecke investieren kann. Es gibt mehrere Möglichkeiten, wie man die Vermögensbildung für Investitionen in Wohnraum nutzen kann. Eine Möglichkeit ist es, sich Eigenkapital anzusparen, dass man dann zum Beispiel zusammen mit einem günstigen Kredit zum Hauskauf nutzen kann. Oder Sie bauen parallel zu einem laufenden Kredit Vermögen auf, mit dem Sie diesen später ablösen[86], oder Sondertilgungen leisten können.

86 Langlaufende Kredite können im Normalfall, wenn zehn Jahre seit Auszahlung vergangen sind, mit einer Frist von 6 Monaten gekündigt werden.

Altersvorsorge

Für ihre Altersvorsorge gibt es die folgenden Möglichkeiten:

- ✔ **Betriebliche Altersvorsorge**

  Vorteil: Steuervorteil möglich, hohe Sicherheit

  Nachteil: extrem unflexibel, meist unkündbar, nur geringe garantierte Verzinsung

- ✔ **Vermögensaufbau (siehe weiter oben)**

  Vorteil: Flexibilität bezüglich der späteren Verwendung, je nach Anlageart staatliche Förderung möglich

  Nachteil: unklare Entwicklung bis zum Rentenbeginn, Verluste möglich, Vermögen reicht eventuell bei langem Leben nicht aus

Absicherung für den Todesfall

Ihre Angehörigen können Sie für den Fall ihres eigenen Todes auf folgende Arten mit vermögenswirksamen Leistungen absichern:

- ✔ **Risikolebensversicherung**

  Vorteil: kostengünstig, hohe Sicherheit

  Nachteil: muss je nach Inflation später eventuell erhöht werden, damit die Versicherungssumme zur Versorgung ausreicht

- ✔ **Kapitallebensversicherung/Fondsgebundene Lebensversicherung**

  Vorteil: steigende Versicherungssumme, hohe Sicherheit

  Nachteil: oft hohe Kosten und geringe Rendite, bei Kündigung teils kräftige Abschläge, Verluste möglich

- ✔ **Vermögensaufbau (siehe weiter oben)**

  Vorteil: Flexibilität bezüglich der späteren Verwendung, Vermögen kann später auch die Versorgung im Alter verbessern, je nach Anlageart staatliche Förderung möglich

  Nachteil: unklare Entwicklung, Verluste möglich, Vermögen reicht eventuell bei frühem Tod nicht zur Absicherung der Angehörigen aus

Wechseln/Umschichten

Sie sind im Normalfall nach Abschluss eines Vertrages über die vermögenswirksame Anlage von Teilen des Arbeitslohns nicht jahrelang unveränderlich an diesen gebunden. Vielmehr können Sie von ihrem Arbeitgeber einmal jährlich schriftlich verlangen, dass der Vertrag aufgehoben, eingeschränkt oder erweitert wird[87]. Somit ist ein Wechsel oder Umschichten einmal jährlich mit geringem Aufwand möglich. Ein einfaches, formloses Schreiben an ihren Arbeitgeber, in dem Sie beschreiben, wie die Änderung aussehen soll, genügt. Allerdings kann ihre Wahlfreiheit bezüglich der Anlageart tarifvertraglich oder per Betriebsvereinbarung beschränkt sein.

Wann lohnt ein Umschichten? Einfach gesagt natürlich genau dann, wenn die zusätzliche Rendite größer ist als die zusätzlichen Kosten. Soweit, so simpel. Dies sollte man aber im Einzelfall immer nachrechnen. Es hilft Ihnen, wenn Sie alle Kosten und Renditemöglichkeiten zuerst einmal sammeln, beziehungsweise berechnen und dann die aktuelle Rendite mit der erwarteten Rendite nach dem Umschichten vergleichen. So lohnt es sich zum Beispiel zwar meist, wenn Sie nach der Zuteilung nicht direkt einen neuen Bausparvertrag abschließen, sondern stattdessen mit den vermögenswirksamen Leistungen zuerst einmal das Bauspardarlehen tilgen, aber je nach Zinssituation muss das nicht zwangsläufig in Zukunft auch so sein.

Zudem sollten Sie auch immer beurteilen, wie Sie am Besten mit bereits abgeschlossenen, aber unrentablen Verträgen umgehen, bevor Sie in Aktion treten. Meist ist eine Kündigung die schlechteste Variante. Neben teils hohen Abschlägen und anderen, zusätzlichen Kosten riskieren Sie bei vorzeitiger Kündigung oft auch noch den Verlust der bisher erworbenen staatlichen Förderungen und der Bonuszahlungen am Vertragsende. Kostengünstiger fahren Sie daher meistens, wenn Sie die Verträge bis zum Ende laufen lassen und lediglich die Einzahlungen reduzieren, oder den Vertrag ruhen lassen. Dies empfiehlt sich vor Allem, wenn Sie Lebensversicherungsverträge oder Verträge für eine betriebliche Altersvorsorge abgeschlossen haben. Bei der betrieblichen Altersvorsorge ist, sofern Sie die Entgeltumwandlung genutzt haben, eine vorzeitige Kündigung aus rechtlichen Gründen sowieso ausgeschlossen.

87 §11 Abs. 5, 5.VermBG

Beratung/Vertragsabschluss

Alles, was vorab gesagt wurde, bringt Ihnen nichts, wenn Sie auf der Zielgerade, also kurz vor Vertragsabschluss noch wegen schlechter Beratung schlechte Verträge abschließen.

Viele Anleger lassen sich mit kostenlosen Beratungen ködern. Diese Beratungen haben auch ihre Berechtigung, sofern Sie fair ablaufen. Man kann Sie zum Vergleich verschiedener Anbieter und Anlageformen nutzen. Aber Vorsicht: „Kostenlose" Beratungen sind meist nicht das, was sie versprechen, also wirklich kostenlos. Mehr noch, viele dieser „kostenlosen Beratungen" stellen sich im Nachhinein als sehr teure Varianten heraus. Gesundes Misstrauen ist also angebracht.

Behalten Sie bei diesen Gesprächen daher immer im Hinterkopf, dass ihr Gegenüber Sie meist nur deshalb berät, weil er sich davon eine möglichst lukrative Gegenleistung verspricht. In welche Richtung die Beratung läuft hängt also unter anderem davon ab, von wem ihr Gegenüber im Auftragsfall bezahlt wird. Bei einem Honorarberater ist der Anreiz für eine Falschberatung nicht so groß, denn er erhält einen zwischen Ihnen und ihm vereinbarten Betrag und möchte sich auch künftige Aufträge sichern. Er hat daher einen starken Anreiz, Ihnen Produkte anzubieten, die auch zu Ihnen passen.[88] Bei „kostenlosen Beratungen" hingegen erhält der Berater sein Honorar von dem Anbieter des Produktes, dass er Ihnen verkauft. Was das für die Qualität dieser „Beratung" und der Produktempfehlung bedeutet, liegt klar auf der Hand.

Bestmöglich fahren Sie, wenn Sie sich selbst schon vorab klar werden, was Sie wollen und sich auch bereits im Vorlauf des Gesprächstermins selbst ein wenig mit den Produkten beschäftigen, für die Sie sich interessieren. Diese Vorarbeit hilft Ihnen dann im Gespräch, beziehungsweise danach, das Angebot ihres Gesprächspartners einzuordnen und mögliche Fehler, soweit es geht, schon im Gespräch auszuschließen. Sinnvoll ist es meist auch, sich mehrere Angebote einzuholen und diese dann später zuhause in aller Ruhe miteinander zu vergleichen.

---

88 Ein Beispiel: Ich verdiene hier nur etwas, wenn Leser mein Buch kaufen, interessant finden und weiterempfehlen. Eine Empfehlung teurerer Produkte würde mir nichts bringen, da ich keine Provision dafür erhalten würde. Also bemühe ich mich, ein für meine Leser nützliches Buch zu schreiben und die in meinen Augen besten Tipps zu geben.

Mögliche Interessenskonflikte

Es besteht gerade bei „kostenlosen Beratungen“ also oft ein Interessenskonflikt zwischen drei Akteuren. Dieser lässt sich im Hinblick auf die jeweiligen Akteure wie folgt kurz darstellen:

Der Kunde

Sie als Kunde möchten eine günstige, möglichst übersichtliche Geldanlagemöglichkeit mit entsprechender Sicherheit, die genau auf ihren Bedarf zugeschnitten ist und eine gute Rendite abwirft. Eventuell möchten Sie aber auch nur in bestimmte Geldanlagen investieren.

Der Anbieter

Die Bank, Bausparkasse, oder das jeweilige Institut möchte eine Geldanlage verkaufen, die deren Gewinn maximiert, das heißt, die Geldanlage soll einen möglichst hohen Profit abwerfen, aber gleichzeitig von möglichst vielen Anlegern gekauft werden.

Der Berater

Der „Berater“ verdient bei diesen „kostenlosen Beratungen“sein Geld meist (zumindest teilweise) mit den Provisionen, die er durch das Vermitteln von Verträgen erhält. Zudem stehen „Berater“ oft auch unter Verkaufsdruck durch ihre Arbeitgeber und/oder die Anbieter der Produkte.

Dabei gilt die Faustregel: Je mehr der Produktanbieter an den abgeschlossenen Verträgen verdient, desto mehr bekommt der Berater. Da der Gewinn des Anbieters aber oft auf Kosten ihrer Rendite geht, oder mit höheren Risiken verbunden ist, hat der Berater ein Interesse daran, Ihnen entsprechende Verträge anzupreisen. Es handelt sich also, so gesehen, eigentlich mehr um ein Verkaufsgespräch, als um ein „Beratungsgespräch“ im Sinne des Wortes.

Merke: „Kostenlose“ Beratungen können unter Umständen sehr teuer werden! Denken Sie immer daran: Es geht um ihr Geld!

Gespräche mit Anbietern

Wenn Sie ihre vermögenswirksamen Leistungen anlegen wollen, sollten Sie sich vorher ausreichend informieren. Bei Onlineanbietern kann der Aufwand zur Informationsbeschaffung recht hoch sein, wenn man allerdings etwas Passendes gefunden hat, ist der Vergleich der einzelnen Anbieter mit überschaubarem Aufwand zu gewährleisten. Bei Anbietern vor Ort stellt sich dies genau umgekehrt dar, denn hier können Sie sich vom Mitarbeiter direkt informieren lassen und auch Fragen stellen, aber der Vergleich mit anderen Anbietern ist aufwendiger.

Beratungsqualität bei Verkaufsgesprächen

Zum Thema Beratungsqualität bei vermögenswirksamen Leistungen gab es bereits mehrere Tests verschiedener Verbraucherinstitute. Finanztest[89] hatte beispielsweise 154 Beratungen bei verschiedenen Bausparkassen zu einem einfachen Testfall durchgeführt. Davon waren 14 sehr gut, 34 gut, 23 befriedigend, 5 ausreichend und 24 mangelhaft. Also war fast jede sechste Beratung schlecht. Bei jeder fünften Beratung war das Angebot schlichtweg unnötig teuer, bei jeder siebten Beratung war die Bausparsumme viel zu hoch und teils wurde die Abschlussgebühr gar nicht erst angegeben. Besonders gravierend war aber, dass oft einfach nur an den Wünschen und Bedürfnissen der Testkunden vorbei beraten wurde.

Zwar gelobten die Bausparkassen Besserung, aber auch spätere Tests kamen leider wieder zu ähnlichen Ergebnissen. So sprach die Stiftung Warentest nach einem Test Ende 2019[90] von einem „Armutszeugnis“. In diesem Test erreichte gerade noch eine einzige Bausparkasse eine gute Bewertung. Die Mehrzahl kam nicht über eine ausreichende Bewertung hinaus, drei fielen sogar mit mangelhaften Beratungen durch. Teils passten die Beträge nicht zu den angegebenen Vertragszeiten, oder die Abschlussgebühr wurde nicht genannt. Auch wurden Bausparverträge als sehr flexible Produkte dargestellt, die problemlos angepasst werden könnten, obwohl Bausparverträge wenig Spielräume bieten und man für die meisten Anpassungen oder Änderungen auf die Zustimmung der Bausparkasse angewiesen ist. Nicht zuletzt waren

89 „Praxistest Bausparen – Vier gut, vier Mangelhaft“ Finanztest 08/2012
90 „Beratung Bausparkassen – Viele Bausparkassen fallen im Test durch“ Stiftung Warentest 12/2019

die vorgeschlagenen Bausparverträge in vielen Fällen zudem auch noch unnötig teuer.

Dieses Problem betrifft aber nicht nur die Angebote von Bausparkassen, auch bei der Anlageberatung normaler Geschäftsbanken gibt es noch reichlich Luft nach oben. Ein von Finanztest im Jahr 2016 durchgeführter Test zur Anlageberatung zeigte, dass die Berater die individuellen Bedürfnisse zwar korrekt erfasst, dann aber leider unpassende Produkte empfohlen haben. Die Tester von Finanztest führen die im Test festgestellten groben Beratungsfehler aber meist nicht auf individuelles Unvermögen der Berater, sondern eher auf „provisionsgetriebene Verkaufsvorgaben der Institute" zurück[91].

In einem zwei Monate später veröffentlichten Test[92], sah es leider auch nicht viel besser aus. In diesem Test ging es um Anlageberatung zum Thema Fonds. Viele Berater empfahlen lediglich Fonds aus dem eigenen Haus und aus dieser Auswahl auch noch eher die teureren Fonds. Die in dem Test von den Bankangestellten empfohlenen Fonds waren dann auch meist diejenigen, an denen die Banken besonders viel und gut verdienen. Dabei kassieren die Banken mit diesen Produkten nicht nur beim Verkauf, sondern auch während der gesamten Laufzeit durch Provisionen, die kontinuierlich dem Fondsvermögen entnommen werden. So erzielen die Banken zuverlässig Erträge auf Kosten der Rendite der Anleger. Und das fast ohne Risiko, denn das liegt ja beim Anleger. Fragen Sie den Berater am Besten auch aktiv selbst nach solchen Kosten und lassen Sie sich diese schriftlich auflisten.

Solche verdeckten Provisionen gibt es zum Glück aktuell nur bei aktiv gemanagten Fonds. Bei ETFs sieht es besser aus, hier gab es solche Provisionen an Banken oder Vermittler zum Testzeitpunkt nicht[93]. Ein weiteres Manko ist, das bei Filialbanken meist nur aktiv gemanagte Fonds angeboten werden, nach kostengünstigen ETFs müssen Sie gezielt fragen. Manche Banken haben Indexfonds aber leider auch gar nicht erst im Programm.

91 „Anlageberatung – Drei Banken beraten gut" Finanztest 02/2016
92 „Besser anlegen – Berater auf Kurs bringen" Finanztest 04/2016
93 „Provisionen beim Fondskauf – Zahlen ohne Gegenleistung" Finanztest 05/2015

Vorsicht bei „kostenlosen Beratungen“

Verkaufsgespräche über die Anlage vermögenswirksamer Leistungen finden hierzulande meist als „kostenlose Beratungen“ bei Ihnen zuhause, im Büro eines Mitarbeiters des Anbieters oder in Banken statt. Ich möchte ihnen daher einige Tipps vor allem im Bezug auf diese „kostenlosen Beratungen“ geben. Bei „kostenlosen Beratungen“ ist bereits der Begriff irreführend. Denn „kostenlos“ sind diese Gespräche nur auf den ersten Blick. Ihr Gesprächspartner bekommt ihr Geld nicht direkt, so dass Sie es merken würden. Vielmehr bekommt er es vom Anbieter des Produktes, dass er Ihnen verkauft und der dieses Geld wiederum über Gebühren von Ihnen bekommt. Ebenso ist das Wort „Beratung“ irreführend, denn eigentlich will der Mitarbeiter Ihnen die Produkte seines Hauses oder dessen Partners verkaufen. Für diese Verkaufsgespräche werden diese Mitarbeiter dann auch entsprechend geschult. Eine objektive Beratung ist etwas anderes.

Am Besten ist es deshalb, sich selbst vorab eine entsprechende Wissensgrundlage anzueignen, nichts direkt abzuschließen, mehrere Angebote verschiedener Anbieter einzuholen und sich Zeit zum Vergleichen zu nehmen.

Worauf Sie achten sollten

Vertragsabschlüsse haben weitreichende Konsequenzen. Dementsprechend sollten Sie sich vor Beratungsgesprächen entsprechend vorbereiten und informieren. Das nimmt zwar etwas Zeit in Anspruch, aber es lohnt sich und Sie können sich damit einiges an Ärger sparen. Folgende Punkte sollten Sie bei einem Beratungsgespräch beachten:

Informieren Sie sich vorab. Je mehr Sie sich vorher informiert haben, desto einfacher fällt es Ihnen später, die Berechnungen des Mitarbeiters nachzuvollziehen, diese zu bewerten und eventuelle Fehler zu erkennen. Zudem können Sie offene Fragen dann auch schon frühzeitig klären.

Geben Sie die Rahmenbedingungen vor. Schildern Sie dem Mitarbeiter ihre Rahmenbedingungen möglichst genau und erklären sie vor diesem Hintergrund, welche Anlage Sie möchten. Achten Sie während des Gesprächs darauf, dass der Mitarbeiter sich innerhalb dieses Rahmens bewegt und Ihnen ein oder mehrere passende Angebote unterbreitet. Weicht der Mitarbeiter von ihren Rahmenbedingungen ab, so monieren Sie dies und bitten Sie den Mitarbeiter, sich wieder auf ihren Bedarf zu konzentrieren.

Bleiben Sie skeptisch. „Kostenlose Beratungen“ dienen meist dem Zweck, Ihnen als potentiellem Kunden die **eigenen(!)** Produkte des Anbieters ansprechend zu präsentieren und natürlich auch zu verkaufen.

Lassen Sie sich nicht von der Bezeichnung „Berater“ in die Irre führen. Das Wort „Berater“ suggeriert zumindest unterbewusst, dass hier ausschließlich in ihrem Sinne und zu ihrem Wohl „beraten“ wird. Machen Sie sich im Fall von kostenlosen Beratungen davon frei und sehen Sie in ihrem Gegenüber immer auch einen „Verkäufer“!

Machen Sie sich bewusst, dass die Mitarbeiter der Anbieter oft einen starken Anreiz haben, Ihnen diejenigen Produkte zu verkaufen, die ihnen die höchste Provision bringen. Dies wiederum sind in der Regel die Produkte, die dem Anbieter am meisten Profit bringen. Und da Geld ja immer auch irgendwo herkommen muss, geht dies meist zu Lasten ihrer Rendite, oder es werden unnötig hohe Risiken eingegangen.

Bedenken Sie, dass Sie mit ihrer Unterschrift Verpflichtungen eingehen, die auch zu erheblichen finanziellen Verlusten führen können. Unterschreiben Sie daher niemals leichtfertig. Das kann im Zweifel sehr teuer werden! Falls es doch einmal passiert und Sie ihre Entscheidung kurz darauf bereuen, dann nutzen Sie falls möglich Widerrufsrechte. Damit kommen Sie meist günstiger aus dem Vertrag, als mit einer ordentlichen Kündigung.

Vergleichen Sie die Angebote in aller Ruhe. Zeitliche Distanz und Bedenkzeiten verbessern ihre Entscheidungen. Unterschreiben Sie daher am Besten nie direkt beim „Berater“. Nehmen Sie sich die Unterlagen mit nach Hause und vergleichen Sie mit anderen Anbietern. Überlegen Sie sich auch in Ruhe, ob Ihnen wirklich das angeboten wurde, was Sie möchten.

Sehen Sie Anpreisungen und Versprechen kritisch. Sagen kann man viel. Was aber am Ende im Streitfall zählt, ist zuerst einmal das, was Sie schriftlich haben. Weicht dieser Text zu ihren Ungunsten vom Inhalt des Gesprächs ab, wird es sehr schwierig. Lassen Sie sich am Besten alle Kosten und Erlöse erläutern und schriftlich vorrechnen. Nehmen Sie diese Schriftstücke mit und fügen Sie diese ihren Unterlagen bei.

Bedenken Sie, dass der Mitarbeiter des Anbieters ihnen gegenüber meist erhebliche Informationsvorteile besitzt. Er kennt die Stärken und Schwächen seiner Produkte und ist oft darauf geschult, diese bestmöglich darzustellen. Wenn Ihnen ein Produkt ohne Nachteile präsentiert wird, seien Sie vorsichtig und haken Sie nach! Am besten ist es, wenn Sie sich bereits vor dem Gespräch selbst über Vor- und Nachteile des Produktes informiert haben und im Gespräch gezielt danach fragen.

Lassen Sie sich nicht unter Druck setzen. „Nur noch kurze Zeit“, „Sichern Sie sich noch schnell die staatliche Förderung“, „Heute noch schnell die niedrigen Zinsen für morgen sichern“ und ähnliche Aussagen sind geeignet, um Druck aufzubauen und Sie zur Unterschrift zu bewegen. Bleiben Sie gelassen. Chancen und Rabattaktionen kommen immer wieder.

Lassen Sie sich ein Beratungsprotokoll aushändigen! Der Mitarbeiter, der Sie berät, ist in bestimmten Fällen gesetzlich verpflichtet, ein Beratungsprotokoll zu führen und Ihnen dieses nach dem Gespräch unterschrieben auszuhändigen. Kontrollieren Sie das Protokoll am Besten vor Ort noch auf Vollständigkeit und ob alles richtig wiedergegeben wurde. Entspricht das Protokoll nicht dem tatsächlichen Verlauf des Gesprächs, lassen Sie dieses am Besten direkt ändern. Gerne wird auch die Möglichkeit genutzt, sich ein Exemplar von Ihnen unterschreiben zu lassen. Unterschreiben Sie dieses Schriftstück auf keinen Fall, dazu sind Sie als Kunde nicht verpflichtet! Möglicherweise bestätigen Sie sonst einen falschen Sachverhalt mit ihrer Unterschrift. Das macht es Ihnen im Streitfall schwerer, zu ihrem Recht zu kommen.

In ein Beratungsprotokoll gehören:

- **Anlass des Gesprächs**
- **Zeitpunkt und Dauer des Gesprächs**
- **Informationen über ihre persönliche Situation**
- **Ihre ermittelte Risikobereitschaft**
- **Ihre Wünsche und Anlageziele**
- **Angaben zu den besprochenen Produkten**
- **Empfehlung der Produkte, sowie eine Begründung, warum diese Produkte empfohlen wurde**
- **Unterschrift des Mitarbeiters**

Probleme nach Vertragsabschluss

Wenn ihnen nach Abschluss des Vertrages auffällt, dass das Produkt nicht passt, falsch dargestellt wurde, oder sonst etwas nicht stimmt, reklamieren Sie Mängel und Fehler frühzeitig. Warten Sie damit nicht zu lange, denn dadurch entstehende, unnötige Kosten werden mit der Zeit meist immer teurer.

Scheuen Sie sich im Zweifel auch nicht, mit Widerspruchs-, oder Widerrufsrecht wieder auszusteigen, anstatt zu kündigen. Ein Widerspruch oder Widerruf ist für Sie als Verbraucher meistens einfacher als eine Kündigung und zudem auch noch kostenfrei möglich. Diese Rechte stehen Ihnen im Normalfall aber nur eine gewisse, relativ kurze Zeit zur Verfügung. Falls sie diese Rechte wahrnehmen möchten, sollten Sie also nicht zu lange warten und unverzüglich handeln!

Falls es Probleme mit den Anbietern gibt, so müssen Sie nicht immer direkt vor Gericht ziehen. Haben Sie reklamiert und der Anbieter weigert sich, Ihnen entgegen zu kommen, so haben Sie bei verschiedenen Anbietern die Möglichkeit über den entsprechenden Ombudsmann, oder die entsprechende Schlichtungsstelle eine Lösung zu erreichen. Dies geht meist problemlos online. Die Kosten dieses Verfahrens sind sehr gering, Sie als Kunde zahlen nur ihre eigenen Auslagen (Papier, Porto, etc.), die Hauptkosten tragen die Anbieter. Eine Entscheidung ist aber nicht unbedingt bindend. Sie als Kunde müssen diese nicht akzeptieren, bei den Anbietern ist sie manchmal, aber halt nicht in immer bindend. Sind Sie mit der vorgeschlagenen Lösung nicht einverstanden, so steht Ihnen immer noch der Rechtsweg offen.

Die wichtigsten Anlaufstellen:

- **Private Bausparkassen: www.schlichtungsstelle-bausparen.de**
- **Öffentliche Banken: www.voeb.de**
- **Genossenschaftliche Bankengruppe: www.bvr.de**
- **Sparkassen- und Giroverband: www.dsgv.de/Schlichtungsstelle**
- **Versicherungen: www.versicherungsombudsmann.de**
- **BVI: www.ombudsstelle-investmentfonds.de**
- **Europäisches Verbraucherzentrum: www.euroinfo-kehl.com**

Nachwort

Ich hoffe, ich konnte Ihnen einen aufschlussreichen Einblick in die Welt der vermögenswirksamen Leistungen geben. Wie Sie gesehen haben, ist es recht einfach, vermögenswirksame Leistungen in Verträge fließen zu lassen, die Ihnen helfen, Ihre Ziele zu erreichen. Auch das Beantragen der staatlichen Förderungen, die Sie beim Erreichen dieser Ziele unterstützen, ist mit geringem Aufwand machbar. Und vieles, was die einzelnen Anlagemöglichkeiten betrifft, kann man durchaus auch für andere, zusätzliche Investitionen nutzen.

Machen Sie sich immer bewusst, dass es um ihr Geld und ihre Zulagen geht. Wägen Sie die verschiedenen Anlagemöglichkeiten gegeneinander ab und entscheiden Sie, welche Ziele Sie verfolgen möchten und welche Produkte dafür die richtigen sind. Besorgen Sie sich immer Vergleichsangebote mehrerer Anbieter und lassen Sie sich nicht von allzu optimistischen Aussagen der Berater in für Sie unpassende, oder teure Verträge drängen. Schlafen Sie drüber und informieren Sie sich gut, bevor Sie ihre wertvolle Unterschrift unter einen Vertrag setzen.

Ich habe versucht, alles möglichst einfach darzustellen, damit man es bestmöglich nachvollziehen kann. Das ist je nach betrachtetem Aspekt leichter oder schwerer gewesen, denn manche Aspekte sind auch für Fachleute nicht einfach zu verstehen und dann erst recht nicht so einfach in klaren, kurzen Übersichten darzustellen.

Falls dieses Buch Ihnen geholfen hat, dass Sie nun erstmals selbst vermögenswirksame Leistungen nutzen, oder Sie ihre Verträge optimieren konnten, so habe ich mein Ziel erreicht. Hat Ihnen das Buch gefallen, so sagen Sie es gerne weiter. Sollte es Kritikpunkte oder Verbesserungsvorschläge geben, so teilen Sie mir diese gerne mit, ich werde diese dann gegebenenfalls in eine der nächsten Auflagen einarbeiten.

Vielen Dank für das Lesen meines Buches und viel Erfolg!

Ihr Torsten Assmus

Printed in Poland
by Amazon Fulfillment
Poland Sp. z o.o., Wrocław

23957840R00067